池の上キリスト教会 実践的バイブルスタディー
山上の垂訓に隠された
生命の道
ジュリアン・N・飯島
JULIAN.N.IIJIMA

いのちのことば社

出版によせて

太平洋放送協会名誉会長　村上宣道

「アメーズィング！」

本書の原稿を一読させていただいて、思わず口をついて出てきた言葉がこれでした。ちょっとキザな言い方になってしまいましたが、ショックなばかりに「これは驚いた」というのが、読後の私の率直な感想でした。

何に驚いたのかと言いますと、まず「玄人はだし」の聖書の読みの深さです。大企業のトップにあって、超過密なスケジュールの日々を過ごしておられるはずの飯島さんが、いつ、どこで、どのようにして、こうまで聖書を詳しく、綿密に読んで理解しておられるのか、それは全く驚きに値します。「玄人はだし」とは辞書によりますと、素人であるはずの人の作品が玄人顔負けのあまりのみごとな出来ばえに、玄人が思わずはだしで逃げ出してしまう、という意味なのだそうです。この者も牧師として五十年余、聖書の学びをしてきたのですから、この道にかけては玄人、専門家と言われるわけでしょうが、この者も「こりゃかなわん」とばかり、はだしで逃げ出したくなるような思いです。

でも聖書を見ますと、初代教会には、信徒でありながら聖書に非常に精通していたプリスカとアクラという夫妻がいて、伝道者と言われる、いわばその道の専門家であるアポロが説教したあとに彼を自分の家に招いて、「神の道をもっと正確に彼に説明した」という記事があります（使徒一八・二四―二六）。このような玄人はだしの信徒がいたというのが、初代教会を著しく発展させた大きな要因であったことを思いますと、今日においても飯島さんのような信徒こそが求められているのだろうと思うのです。その意味でも、この書は教会の信徒たちを鼓舞し、玄人である牧師たちをも刺激するものとなるに違いありません。

次の驚きは、飯島さんの聖書から汲み取る思想的展開のユニークさです。序章で言及されていますように、本書は「主イエス・キリストの教え、山上の垂訓」

がそのベースとなっていて、その解釈はジョン・ストット博士の著『クリスチャン・カウンター・カルチャー』が基準となっているようです。それ以外の注解書の類にはほとんど目を通すことなく、ただひたすら祈りながら聖書を開いては黙想し、独自に学ばれたものです。ですから、どの注解書や講解書にも見られることのない独自性がここにあり、今までの既成概念のようなものを超えて、ハッとするような新しい気づきに驚かされるのです。

その展開は、山上の垂訓の解釈にとどまることなく、主イエスが「わたしが来たのは律法や預言者を廃棄するためだと思ってはなりません。廃棄するためにではなく、成就するために来たのです」という教えに基づいて（マタイ五・一七）、「十戒」とリンクさせての分析と解明には目を見張らされます。それですから、前述したユニークさや独自性というのは、聖書全体の流れから逸脱して勝手に解釈してというものではなく、むしろ聖書の根幹とも言える教えに沿った展開になっていると言えましょう。飯島さんはそこから人の生きる道、また経営者としての理念または原理とも言うべき「生命《いのち》の道」へと導かれていったのでありました。それは飯島さんにとって、その生き方、そして事業者としてのあり方における揺るぎない確信となったのです。

驚きの三つ目は、これもほかに類を見ないと言ってもよいでありましょう、きわめて実践的なバイブルスタディーであるという点です。つまり、ここに展開されている論理は、趣味的な聖書のお遊びでもなければ、机上の空論的なものなのでもなく、教会の成長への熱い願いと厳しいビジネスの世界において迫りくる多くの課題に立ち向かう中で苦闘しつつ、真に生きる道を探しながら、祈りのうちに聖書に聞き続けた生々しい記録と言ってもよいでありましょう。ここで見出された原理、その道は、実際の現場で実践して、確かな実証を得ているという、積み上げられた実績に裏づけられているところが本書の重さであり、比類なき価値であると、この者には思えてならないのです。

経営、マネージメントの世界では神様的な存在とされているピーター・ドラッカー博士も、飯島さんより「生命の道」の説明を受けて、これを日本語でのみならず英訳して広く世界に供すべきだと進言されたというのは、まさにこれが教会のみならず、ビジネスの世界にも通用する実際的なバイブルスタディーであることの証しでもあると言えるのではないでしょうか。

驚きはまだあります。飯島さんが所属する池の上教会で隔週に持たれている実践的バイブルスタディーでこれを講じた年月はなんと二十年にもなろうとし、その回数は四百数十回余り、超多忙な激務の日々を過ごされている飯島さんがこれを続けてこられたというのですから、驚かずにはおられません。中には〝私ほど忙しい人間はいないのでは〟と思ってる方もいるでしょうが、飯島さんほどの忙しさの中に身を置いている方はどれだけおられるでしょうか。ただ常に時間的に、肉体的に多忙であられるというだけではなく、全国二十数か所に工場を有し、海外にまで及ぶ子会社や関連会社は三十を超え、山崎製パンの商品を取り扱う販売店は十万余、それら一切の最高責任者という重圧は、私どもには計り知れないものがあります。にもかかわらず、このバイブルスタディーのためには手を抜くことをせず、このようなかたちで出版ができるほどに、毎回、完全原稿を用意してこられたというのですから、真摯な姿勢とこのバイブルスタディーにかける意気込みのほどが十分うかがえるというものです。ただ敬服のほかありません。

そして最後に、紀子夫人がいつもこのバイブルスタディーの司会をしておられ、誰よりも熱心な聞き手でもおいでになるわけですが、その紀子夫人が「うちの主人は、話しているとおりに生きています」とおっしゃっておられました。これはまさにきわめつけの驚きと言ってよいでありましょう。生活を共にしている最も身近な方に実証されるほどに素晴らしい証しはありえません。まさに実践的バイブルスタディーの面目躍如と言うべきではないでしょうか。

このたび、こうしていのちのことば社の肝入りで、一教会での、また一企業での祝福にとどまらず、広く世界にお頒ちいただく運びとなったことを心から喜ぶ者であります。この書が、飯島さんが願っておられるように、まさに「地の塩」「世の光」としての役割を十分に果たすものとなるに違いないと確信し、心より本書を推薦させていただく次第です。

出版を感謝して

池の上キリスト教会牧師　千代崎備道

池の上キリスト教会は二〇一〇年、創立五十周年および新会堂献堂十五周年を迎えました。その新会堂を建設する準備としての教会成長のための働きとして、池の上教会の責任役員である飯島延浩兄によるバイブルスタディーが始まりました。月二回、日曜日の朝に行われた集会も、四百回を超える働きとなりました。そのバイブルスタディーで飯島兄が語られた多くの教えの中から、すでに二冊の本が池の上教会を通して出版されてきました。その後、さらに深められつつ続けられてきた聖書の学びが、今回、このような素晴らしい結実となって出版されますことを、心より神様に感謝いたします。

先に出版されました『主と共に歩むキリストの弟子の歩み』では、マタイの福音書五章冒頭にある九つの至福の教え（ベアティチュード）が具体的に説明されております。今回は、その九福の教えと山上の垂訓全体（マタイ五―七章）を結びつけ、全体を一つの流れとして見ることで理解を深めておられます。巻末折り込みの「One Love One God」のチャートはその集大成です。この図は、一瞥するだけでは理解が難しいように思えるのですが、飯島兄の説明を読み進めつつ見ることで、山上の垂訓を立体的に理解することができるようになっています。この聖書研究を通して、山上の垂訓は、小さな教えの「寄せ集め」なのではなく、全体が「からだ」のように有機的に結びついた一つの教えであることが見事に表されているのです。

「実践的バイブルスタディー」という言葉だけを聞くならば、聖書を実社会での実践と直接的に結びつける、いわゆる「ハウツーもの」のように考える方がおられるかもしれません。しかし、飯島兄の「実践的」とは、そのようなものではありません。それは第一に「聖書理解の実践」です。飯島兄の学び方は、一つの箇所を瞑想するだけでなく、聖書全体を通して理解していくものです。そこには、

「聖書により聖書を理解する」という聖書解釈の原則が生かされています。第二に「信仰の実践」から生まれた学びです。聖書の言葉を実際に経営において実践しようと苦闘することは、神様への強い信仰がなければ成し通せることではありません。第三に「宣教の実践」です。もっと聖書を学びたいという教会員からの求めにより始められたバイブルスタディーであり、この働きを通して多くの方が教会に結びつけられ、クリスチャンとなられました。それは実践的バイブルスタディーという種蒔きの、教会における豊かな結実です。会社経営における結実については多くの方がご存じであり、言うまでもないことでしょう。机上の空論ではなく、確かな実が結ばれてきた「実践」なのです。

池の上キリスト教会が三鷹の地に移転して十六年が経ち、その間に礼拝人数が倍となる祝福にあずかりましたが、その成長の背後にあって、飯島兄が山崎製パン株式会社代表取締役社長としての忙しい日々の中で、教会での教えのために多くの時間を神様に献げてこられたことを覚える時、池の上教会の牧師として、尊いご奉仕に対して心より感謝の言葉を述べさせていただきたい思いです。また、この本が出版されることで、社会にあって真摯な働きをしておられる方々に、

「成果」のみを求める生き方ではない、確かな正しい「結実」に結びつく人生、すなわち神様の御心にかなった「種蒔きと育成結実」の道である「生命の道」を知っていただきたいと心から祈っております。

目次

序章

私は山崎製パン（以後、ヤマザキパン）の創業の時、小学一年生で、創業期の成長発展の時には、ヤマザキパンの仕事の中で育ちました。私の父、ヤマザキパンの創業者、飯島藤十郎社主は、その子供時代の苦労話を事あるごとに私に言って聞かせました。「為せば成る」の精神で人生に挑戦する姿勢は社主から学び、母からは、私が子供の頃より「苦労は若い時にしておくものだ」と教えられ、小さい時の苦労はあとになって必ず良い実を結ぶことを信じ抜く考え方を教えられました。また、社主の母、らくおばあさんからは、熱心に神を信じ、信じ抜いて、その信仰を日々の生活で実践、実行、実証する信仰心を教えられました。

私は高校三年の夏、神に出会う体験をいたしました。夏休み、小学校時代に一番親しかった友人の家を久しぶりに訪ねました。すると彼はその時、クリスチャンになっており、私に「自分には神が見える」と言いました。それに対して私は「そんな馬鹿なことがあるはずはない」と、議論となりました。彼は自分の主張を曲げず、私も自分の考えを引っ込めませんでした。一日半、議論を続けましたが、結局、一致点は何も見出すことができず、そのまま彼の家を辞しました。その頃、私は市川（千葉県）に住んでおり、彼はひばりが丘の団地に住んでいました。国鉄に乗って自宅に帰る駅のプラットフォームで、私はふと思いました。「彼に神が見えるなら、私にだって神が見えるはずではないか」。

その夜、私は市川の家の祖母の神壇のある部屋に寝ていました。真夜中の二時か三時頃のことです。私は夢の中で目を覚ましました。私の全身は強力な電気で打たれたような強い痺れの中にありました。私は、真夜中の市川の真間山のようなうっそうとした森の中で、大きな階段の前に立っていました。大きな階段の両側には狛犬のような動物が二匹いたので、この上には神社があるのかと思って、目を上げようとしました。すると、階段の上から大きな声が響いてきました。その声は「神はここにいる」という言葉でした。私は目を上げると神の子になってしまうと直感し、神に願いました。「私が『私にも神が見えるはずだ』と願ったのは、私の友人があまりにも強く言い張ったためです。私はまだ子供で、この世のことは何も知りません。このまま神の子となるよりも、この世に生きて喜怒哀楽を自分で体験したい」と心の中で願い、目を上げませんでした。すると、私の全身を支配していた痺れは次第に遠ざかっていきました。神様は私の願いを聞いてくださったのです。

「この世に生きて喜怒哀楽を自分で体験したい」という私の願いを神様が聞いてくださったのですから、その日から私は自分を主張するようになりました。大学は一橋大学経済学部に入学しましたが、大学時代の私は、この世の中に何かしら良いものがあるのではないかと探し求めました。神に背を向けた歩みとなり、何一つ良いことは起こりませんでした。両親の言葉にもあまり耳を貸さず、ただただこの世の中に何か良いものがあるはずだと求めた生活をしました。社会科学の殿堂である一橋大学ですが、私がそこで見出したものは、創業以来のヤマザキパンと同じ歩みが、イギリスの産業革命時代の近代産業の勃興期にあったということです。ニューカッスル地方の石炭産業における独占寡占の形成と崩壊を通し、技術革新の力が近代産業の牽引力であることを知りました。会社も社会も技術の力で前進しますが、この技術論は企業の事業規模の拡大を意味します。規模を拡大する企業の中で、人の組織体はどのようにしたら維持発展させることができるか、企業の中の個人はどのようにしたら生き甲斐を見出せるのか、全くわかりませんでした。そのことは社会に出てからの課題としました。

大学を卒業してヤマザキパンに入社しましたが、会社で役に立つ勉強は全くしておらず、社主にお願いして英国でパンとケーキの勉強をさせてもらいました。パンの仕事をするなら、パンに関する技術と知識を身につけるのが一番有効だと考えたからでした。英国に行って見出したものは、キリスト教の教えの上に築き上げられた社会でした。日本の社会は人の上に築かれた社会で、複雑怪奇なところがあります。キリスト教の教えの上に築き上げられた英国の社会は、神の存在を前提とするので、単純な社会となります。私は英国の社会を知って、神の存在を前提とするならば単純な社会が可能なのだという希望を見出しました。二年半余りで日本に帰国し、ヤマザキパンの中での仕事が始まりましたが、社主との意見が合わず、転勤に次ぐ転勤となり、苦しみと悲しみの中で、どこに出口があるかわからない暗闇の中での仕事となってしまいました。しかし私は、神が許してくださったことなので、決して後ろを振り返りませんでした。

ヤマザキパンは成長発展していましたが、社主が健康を害し、休養することになり、社主の弟、飯島一郎氏に経営を委ねました。社主が健康を回復してくると飯島一郎氏との対立が始まり、混乱と争いが始まりました。この混乱と争いは外部を巻き込んで収拾がつかなくなりました。このような混乱と争いの中で、社主夫妻は神田ＹＭＣＡで開催されていた、後藤安太郎オリジン電気会長の主催する東京国際朝禱会に毎週出席するようになりました。そして、そのメンバーであった森豊吉牧師の牧会する単立渋谷教会の礼拝にも出席するようになり、私も連れて行ってくれました。

その最初の礼拝で森牧師はヨハネの福音書一六章七―一一節を通し、「助け主」なる神の存在について説教されました。

「わたしが去って行くことは、あなたがたにとって益なのです。それは、もしわたしが去って行かなければ、助け主があなたがたのところに来ないからです。しかし、もし行けば、わたしは助け主をあなたがたのところに遣わします。その方が来ると、罪について、義について、さばきについて、世にその誤りを認めさせます。罪についてというのは、彼らがわたしを信じないからです。また、義についてとは、わたしが父のもとに行き、あなたがたがもはやわたしを見なくなるからです。さばきについてとは、この世を支配する者がさばかれたからです」。

その説教を聞き、義とさばきについては何もわかりませんでしたが、罪については思い当たることがありました。私は高校三年の夏、神に出会う体験をしましたが、神の存在を知って、その神に従ってきたかと言えば、その正反対で、神に背を向け、この世に何か良いものはないかと求め続け、暗闇の中に突っ込んできてしまったのです。喜怒哀楽は十分体験しました。その結果、得たものは、喜びは一瞬の間で、苦しみと悲しみはいつまでも続き、出口すら見出せないのです。「罪についてというのは、彼らがわたしを信じないからです」というみ言葉を聞き、私は「それでは信じて従えばいいんですね」と自問自答して、方向転換し、神がおられると思う方向に向き直りました。私が驚いたことには、神は私のすぐ後ろにいてくださると考えていましたが、私が見出したものは、暗闇のはるか彼方にある一点の光でした。しかし、光を見出したので、私は光に向けて歩みを開始しました。

そして、気づいたことは、神に背を向けて歩むことが罪であるならば、高校三年の夏以来の十数年の歩みすべてが罪の生活であったということです。そのような私が果たして光のところまで行くことができるのか心配になりました。すると、礼拝の最後に主の祈りがあり、次の一節が耳に飛び込んできました。「私たちの負いめ人の罪を赦しますがゆえに、私たちの負いめをもお赦しください」。

私に負いめのある人を赦せば、私の負いめが赦されるのだと示され、私に負いめのある人を探しました。私がご迷惑をおかけした人はたくさんいましたが、私に負いめのある人は見つかりませんでした。しかし、祈り続けるうちに、私の小学校時代からの友人のことを思い出しました。彼が「私には神が見える」と言い張ったばかりに、私は神との出会いを体験しながらもこの世の喜怒哀楽を求め、苦しみと悲しみの中に突入してしまったのです。私が良い道を見出さない限り、決して彼を赦さないと心に決めていたことを思い出しました。私は、自分が光を見出したのだから彼を赦そうと心に決めました。翌週の日曜日が彼の結婚式で、招待を受けていましたが、出席の予定はしていませんでした。結婚式の当日、式場に行って彼とご両親に会ってお祝いを申し上げ、その後、教会に行きました。

このことによって、私は光のところまで行くことができると示され、心に平安と喜びが与えられました。心の転換はできましたが、現実の問題の解決は決して容易ではありません。しかし、心の中に与えられた平安と喜びは、その後一時として失われることなく、私の守りとなり、導きとなって今日に至りました。

一九七三年（昭和四八年）七月一五日、飯島藤十郎社主夫妻と私は、池の上キリスト教会の山根可式牧師によって受洗の恵みに入れていただきました。また、三人揃っての受洗の十一日目の朝に起こったヤマザキパン最有力工場である武蔵野工場の火災と社主の祈りによって、社主夫妻と私の三人の心の一致が、神の力と助けによって実現され、目に見えない新しいヤマザキが出発しました。受洗後、さまざまな試練と困難は数限りなくありましたが、社主夫妻と私の三人の心の一致は、神の力と助けによって決して崩れることなく続き、心の内に与えられる平安と喜びも崩れませんでした。受洗後三十八年になりますが、私どもは暗闇から抜け出し、本当に光の中に出ることができました。

また、イザヤ書六五章一節には、「わたしに問わなかった者たちに、わたしは尋ねられ、わたしを捜さなかった者たちに、見つけられた。わたしは、わたしの名を呼び求めなかった国民に向かって、『わたしはここだ、わたしはここだ』と言った」と記されています。高校三年の夏、祖母の神壇のある部屋で寝ていた時に出会った「神はここにいる」と言って私に現れてくださった神は聖書の神であることを知ることができ、感謝の心でいっぱいです。

このたび、『山上の垂訓に隠された生命《いのち》の道』の出版は、池の上キリスト教会における実践的バイブルスタディーと、ヤマザキパンにおける事業経営上の危機を乗り越えるため祈り求めた結果、与えられたものです。池の上キリスト教会の実践的バイブルスタディーは、三鷹の地への教会の移転に際して、教会成長をいかに実現するかを求め、移転に際する池の上キリスト教会の使命を、「神を求める人に手を差し伸べ、三百人出席の礼拝を実現する」と教会内で発表したところ、「もっと聖書の勉強をしたい」という教会員からの求めがあり、その求めに応えることが道であると示されて開始したものです。二週間に一度の頻度で、十九年余、四百数十回余りの開催となりました。山上の垂訓の学びは難しいものですが、ジョン・ストット著の『クリスチャン・カウンター・カルチャー』に導かれて学びました。この学びの中で、神の言葉「十戒」と旧約聖書の律法を代表する二つの偉大な命令、そして主イエス・キリストの教え「山上の垂訓」を一つの表にまとめた「One Love One God」のチャートを作成することができたのは神の恵みです。

二〇〇〇年夏、ヤマザキパンは、パンに虫が混入しているという虫クレームにより製品回収を求められ、会社をあげてクレーム対策をしたところ、月次で赤字となり、大変苦しみました。しかし、ヤマザキパン独自のクレーム対策と米国AIB（American Institute of Baking）のフード・セーフティー統合基準による指導監査システムの導入により、食品安全衛生管理体制を整備することができました。しかし、食品安全衛生管理体制が整備できただけでは、会社の業績は確保できません。食品安全衛生管理体制の上に築き上げる事業経営はどこから着手すべきか祈り求めました。営業から着手しましたが、全くの失敗で、私は自分の限界に挑戦する必要に迫られました。

私自身の限界は、実践的バイブルスタディーにおいて、山上の垂訓のマタイの福音書七章にある「いのちに至る小さい門、細い道」が何であるかを見出すことができないことでした。いのちに至る小さい門、細い道を見出すことができれば、私の限界を打ち破ることができ、実践的バイブルスタディーも前進し、ヤマザキパンの仕事も限界を打ち破ることができると示され、「One Love One God」のチャートを前にして祈り込みました。

二〇〇一年一〇月のことです。祈り求めのうちに、「心の貧しい者は幸いです。天の御国はその人たちのものだから」から始まる九福《ベアティテュード》と「地の塩、世の光」の教えが、山上の垂訓本体の中に隠されている生命の道の伏線になっているのではないかと示され、調べました。すると、九福《ベアティテュード》と「地の塩、世の光」の教えに導かれる生命の道（小さな門と細い道）が山上の垂訓本体の教えの中に隠されていることを発見いたしました。

私は、自分だけで見出しただけでは不安があったので、二〇〇一年一一月、九・一一同時多発テロ直後、ロサンゼルスで開催された第十一回ドラッカー財団のカンファランスに出席し、ピーター・ドラッカー博士の基調講演や、ハーバード大のロサベス・モス・カンター教授の開会講演を聴き、さらに講義に参加して、ピーター・ドラッカー博士の講演内容やカンター教授の講演や講義の内容と、私の見出した山上の垂訓の中に隠された生命の道の教えを比較しました。そして、生命の道の教えは、ピーター・ドラッカー博士やカンター教授の講演内容や講義の内容をすべて内包するものであるとの確信を持ちました。私は、自分の見出した生命の道についてピーター・ドラッカー博士に文書で報告したところ、山上の垂訓に隠されている生命の道について大変興味を示され、その後、私に直接、「山上の垂訓に隠された生命の道について日本で出版しなさい。日本だけでなく米国でも出版しなさい」と熱心にお勧めくださいました。

私は実業家なので、山上の垂訓に隠された生命の道をヤマザキパンの経営の中で実践、実行し、誤りのないものであることを実証しなければ、本を出版することなど全く考えられないことなので、二〇〇二年一月よりヤマザキパンの中で、山上の垂訓の中に隠されている生命の道の教えに従い、その実践、実行に取り組みました。

山上の垂訓の中に隠されている生命の道の教えによれば、すべての仕事のスタートは種蒔きから始まります。生命の道の種蒔きの歩みの入り口には「心の貧しい者は幸いです」という門があり、その両側の門柱には「さばいてはいけません。さばかれないためです」、「聖なるものを犬に与えてはいけません。また豚の前に、真珠を投げてはなりません」という二つのみ言葉が刻まれています。仕事のスタートにあたり、隣人や周囲の人や事柄を非難したり否定したりして仕事を始めてはいけないのです。仕事を始める時は、隣人や周囲の人を見るのではなく、神を見上げ、祈り求めて、神より与えられるみ言葉と使命に権威と力を添えていただき、そのみ言葉と使命、すなわち仕事のあるべき姿の種蒔きから仕事を始め、その実践、実行、実証に励むのです。

私は食パン小委員会を開催し、生命の道の教えに従った部門別製品施策・営業施策、小委員会による「なぜなぜ改善」を開始したところ、食パン部門が着実に前進を開始いたしました。二〇〇二年一月より十年近くが経過しましたが、ヤマザキパンの食品安全衛生管理体制の上に築き上げる、生命の道の教えに従った部門別製品施策・営業施策、小委員会による「なぜなぜ改善」は、食パン部門だけでなく、和菓子部門、洋菓子部門、菓子パン部門を着実に前進させてくれました。また、子会社における経営問題も、生命の道の教えに従って対処したところ、さまざまな問題はありましたが、着実に事業を軌道に乗せることができました。

二〇〇六年（平成一八年）一二月、私は手術を終え、病院のベッドで悪戦苦闘しておりました。手術後の痛みもありましたが、身体を思うように動かすことができず、なんとか神の力と助けを得ようと「主の祈り」をいたしました。しかし、「主の祈り」はすぐに終わってしまい、何回繰り返してもあまり助けを得ることができませんでした。そこで「主の祈り」をもっと深めようと、「主の祈り」の一つ一つの祈りの内容を思い巡らしつつ祈りました。すると、「主の祈り」の一つ一つの祈りの内容が明らかになり、私自身が「主の祈り」をするにふさわしい状態になっているかどうかを問われ、いろいろ深く考えさせられました。一つ一つの祈りに集中している間に手術後の痛みを忘れ、身体を思うように動かすことのできないことなど忘れるほどになりました。手術後の病室のベッドで、生ける神、主の力と助けにより、その痛みや苦しみを乗り切るすべを見出したのです。

そして、病院でのある朝、夢を見ました。ふと見ると、普賢岳のような火山の頂上に溶岩ドームがムクムクと成長しておりました。そして、成長した溶岩ドームは火砕流となって山を駆け下り、北松戸にある私の自宅の直前で止まりました。普賢岳の場合、何度も溶岩ドームができたので、また溶岩ドームができるのではないかと思い、火山の頂上のほうに目を移しました。すると、火山の頂上には新しい溶岩ドームがムクムクと育っていました。しばらく見ていると、溶岩ドームだと思った火山の頂上のものは、溶岩ドームではなく雲の塊で、ムクムクとさらに成長して、人間の顔のように目と鼻ができ、口をききました。「飯島さん、引っ越しなさい。元いた家にできるだけ早く」。

私は、父が住んでいた北松戸の上本郷の家に住んでいましたが、私の母は市川に引っ越すように何度も何度も勧めてくれていました。しかし、市川はヤマザキパンの創業の地で、市川に引っ越すことは大きな責任を負うことになり、果たして市川に引っ越して大丈夫かと心配して、設計者にお願いして何枚も設計図を作成しておりましたが、GOサインを出すことができずにいました。この夢を見た私は、その日の朝、病室に設計者を呼び、市川の自宅の建設にGOサインを出し、マンション形式で自宅を建設することをお願いいたしました。生ける神、主のみ言葉があれば何も迷う必要はありません。どんなに大きな試練や困難が来ようとも、生ける神、主が共にいてくださる確信があれば、恐れることはないのです。

発注して約二年後に市川の家は完成し、引っ越しをして今では二年半余りになります。生ける神、主の守りと導きの中、新しい家は住みよく、また市川の人々やヤマザキパンの人々にも大変喜ばれ、市川に自宅を建てて引っ越すことができたことを非常に感謝しております。市川はヤマザキパンの創業の地であり、二一世紀のヤマザキグループの前進基地とするとともに、市川の地におけるヤマザキパンの働きを充実強化して、地元市川の発展に寄与させていただきたいと願っております。

二〇〇七年（平成一九年）正月、初夢を見ました。私は、あるゴルフショップでゴルフの上達のためにクラブを選んでいました。どれが良いか決めかねていました。すると、私の後ろにいた人が「別の店に行こう」と私を誘ってくれたため、その人について店を出て、出口のドアのすぐ隣にあったエレベーターに乗りました。そのエレベーターは上昇しましたが、急にロケットのようになって地球を飛び出し、宇宙を飛んで別の天体に到着し、さらに光の中を進んで洞穴のような暗闇の中で止まりました。私が気づくと、頭の手術をされたようでした。手術をしてくれた人は、私の頭をスイカのようにポンポン叩いて、「頭の中は大丈夫だ」と言いました。手術が終わると、「葉巻は二百六十ドルだ」と言う声がありました。葉巻の銘柄指定でした。またさらに声があり、「これからお前をジュリアン飯島と呼ぶことにしよう」とのことでした。

生ける神、主より、夢の中ではありましたが、「ジュリアン・イイジマ」という神の子としての名前をいただいたことは、私にとってこの上ない喜びです。神に背を向けて歩んでいた私が、神がおられると思う方向に向き返り、暗闇の中に一点の光を見出し、光を目指して歩みを開始してから三十六年余りになります。受洗と武蔵野工場の火災、ヤマザキパンの新体制の発足と社長就任、ヤマザキパンの社長としての三十二年余りの歩みは、主イエス・キリストに導かれ、生ける神、主に守られた歩みでしたが、この世の試練と困難の中で悪戦苦闘の連続でした。しかし、神の子としてジュリアン・イイジマという名をいただけたことは、主イエス・キリストと生ける神、主の前の私の歩みに大きな誤りがなかったことの証詞でもあります。

葉巻を私は若い頃から嗜んできました。夢の中でも頭の手術をしてもらいました。いつも頭の中に違和感があり、そのためには葉巻を吸ってもよいとの神様の赦しだと受けとめています。

私はヤマザキパンの社長就任以来ずっと、「ヤマザキパンはクリスチャンの会社ではない」と言い続けてまいりました。日本の社会は複雑で、会社の中でクリスチャンの信仰を説いても、良い結果を生みません。唯一可能なことは、主イエス・キリストの教えに従い、祈り求め、与えられた導きによって、生ける神、主より与えられたみ言葉と使命の実践、実行、実証に励むことです。道が開かれ、良い結果が出てくると、皆その方向に向けて一致協力して前進することができるのです。実践的バイブルスタディーは、クリスチャン・ビジネスマンとしての私が、会社の仕事の中でどのように祈り求め、導きをいただいて努力を重ねてきたかの記録でもあります。祈り求めの中で、生ける神、主より「ジュリアン飯島」という神の子としての名をいただいたことは、私にとってこれ以上の喜びはありません。実践的バイブルスタディーは、クリスチャン・ビジネスマンとしての私が、池の上キリスト教会の教会成長のために行ってきたことであり、会社の仕事のためではないので、本書は「ジュリアン・N・飯島」という著者名で出版する

こととい たしました。

ピーター・ドラッカー博士のご指導とアドバイスに心より感謝申し上げます。ピーター・ドラッカー博士の強いお勧めは、ヤマザキパンにおける私の生命の道の教えの実践、実行の原動力でした。

本書の推薦の言葉を、太平洋放送協会名誉会長の村上宣道先生と、池の上キリスト教会の千代崎備道牧師にお願いいたしました。心温まるお言葉に心より感謝申し上げます。神学が何であるかも知らず、祈り求め、み霊の導きにより、ただただビジネスの実践から続けた実践的バイブルスタディーですが、読者の皆様にとって何かのヒントとなれば幸いです。

本書は、池の上キリスト教会で二週間に一度の頻度で行っております実践的バイブルスタディーの内容をそのまま掲載いたしております。山上の垂訓の教えは深く、その真意は捉え難いところがあります。教えの言葉を、実体験に基づいた事実や聖書の記述により学んでおり、文中に繰り返しになっている部分が多くありますが、ご容赦を賜わりたくお願い申し上げます。

1

「主イエス・キリストの教え
山上の垂訓に隠された生命の道」

マタイの福音書二八章一八―二〇節

イエスは近づいて来て、彼らにこう言われた。「わたしには天においても、地においても、いっさいの権威が与えられています。それゆえ、あなたがたは行って、あらゆる国の人々を弟子としなさい。そして、父、子、聖霊の御名によってバプテスマを授け、また、わたしがあなたがたに命じておいたすべてのことを守るように、彼らを教えなさい。見よ。わたしは、世の終わりまで、いつも、あなたがたとともにいます。」

これは、主イエス・キリストが弟子たちに与えた大宣教命令と言われている箇所です。主イエス・キリストは弟子たちに、「行って、あらゆる国の人々を弟子としなさい。そして、父、子、聖霊の御名によってバプテスマを授け、また、わたしがあなたがたに命じておいたすべてのことを守るように、彼らを教えなさい」と命じられました。あらゆる国の人々を弟子として、父、子、聖霊の御名によってバプテスマを授けることは、牧師に与えられた使命です。預言者のように神から選ばれた人に与えられる使命です。しかし、主イエス・キリストの命令は、あらゆる国の人々を弟子とし、バプテスマを授けるだけでなく、主イエス・キリストが弟子たちに命じておいたすべてのことを守るように彼らを教えなさいということです。教えの賜物とは、主イエス・キリストが弟子たちに命じられたすべてのことを守るよう、バプテスマを授けられた人々に教えることであると示されています。

実践的バイブルスタディーを十九年余り続けてまいりました結果、主イエス・キリストの教え、山上の垂訓の中に生命の道が隠されており、生命の道の教え、山上の垂訓の中に、主イエス・キリストが弟子たちに命じられたすべての教えが含まれていることを見出しました。主イエス・キリストの山上の垂訓の中に隠されている生命の道の教えは、父なる神が主イエス・キリストに、イスラエルの民をはじめ全世界の人々に与えるよう委ね託された教えです。

主イエス・キリストは、生命の道の教え、山上の垂訓を神より委ね託されて世に遣わされてまいりましたが、三十歳になるまで宣教を開始されませんでした。人には、生まれてから成人し、時間をかけて社会のことを学ぶだけでなく、肉体的にも精神的にも十分に整えられるための期間が必要であります。神は三十歳になられた主イエス・キリストを、肉体的にも精神的にも十分整えられた神の器とされ、バプテスマのヨハネを通し洗礼を授けられました。主イエス・キリストが水から上がると、神のみ霊が鳩のように下って、ご自身の上にとどまるのをご覧になりました。主イエス・キリストの三年半の公生涯は、ご自身の上に鳩のように下ってこられた神の霊と共に歩んだ歩みなのです。主イエス・キリストの教え、山上の垂訓の中に隠された生命の道の歩みとは、主イエス・キリストであっても神の霊の力と助けなしにはその歩みを全うすることのできない歩みなのです。

また、主イエス・キリストの心の中にとどまられた神の霊は、主イエス・キリストを荒野に導き、四十日四十夜の断食をするように導かれました。神の霊に満たされた主イエス・キリストは、四十日四十夜の断食のあとで空腹を覚えられました。この四十日四十夜の断食の期間は、主イエス・キリストの心の中に宿った神の霊と、主イエス・キリストご自身の霊が一体となるために必要とした期間で、主イエス・キリストはこの期間、神の霊に導かれ、神のことのみお考えになるため、この世から離れ、食物をとることさえ控えて時を過ごされました。神の霊が共にあり、世と離れ、神のことのみを祈り求められた主イエス・キリストは、四十日四十夜の断食であっても空腹を覚えられなかったのです。しかし、四十日四十夜の断食をし、そのなすべき務めが終わったあとで、主イエス・キリストは神にのみ目を向けていた期間から解き放たれ、現実の世に目を向けた時、空腹を覚えられたのです。

この空腹を覚えられたことに目をつけた試みる者、サタンは、主イエス・キリストに近づいてきて言いました。「あなたが神の子なら、この石がパンになるように、命じなさい」。試みる者であるサタンは、生ける神、主より、この世を支配する権利を与えられていると主張します。神の言葉に従うのではなく、衣食住、この世の良きものを欲しがる罪が主イエス・キリストの心の中に残っているかどうかを試すため、試みる者であるサタンはこのような問いかけをしたのです。この第一の試みは、個人的なこの世の必要に関する罪の試みです。

神の霊に満たされ、神の霊と一体となった主イエス・キリストは、空腹というこの世の必要を満たすことよりも、神より与えられるみ言葉と使命の実践、実行に邁進することに神の力を活用すべきであって、一時の自分自身の空腹を満たすことに神の力を使うことは、神の霊の導きに反することであると考えられ、「人はパンだけで生きるのではなく、神の口から出る一つ一つのことばによる」と答えられました。このみ言葉は、四十年のイスラエルの民の荒野の旅路で、イスラエルの民が学び取ってきたことでした。イスラエルの民の四十年の荒野の旅は、飲み水がない、食べ物がない、神の与えてくださるマナでは飽き飽きした、肉が食べたいといった、まずこの世に生きていくために必要不可欠な食物への欲望との戦いでした。イスラエルの民を四十年の荒野の旅へ導いた生ける神、主は、イスラエルの民に必要なものはすべてご存知で、すべてをお与えになる準備をしておられるのです。

しかし、イスラエルの民は、現実の試練に出遭い、目の前に食べるものがない、飲む水がないという状況に追い込まれると、どうしようもなくなり、神に向かってつぶやいてしまいました。神はすべて必要なものはご用意くださっている。生ける神、主を信じ、主なる神に従い通していく時、主はすべてを与え、良きものを惜しまれることはないのです。この世のものが欲しいという思いに引きずられて、神の言葉に背き、神から目を離し、神に背を向けて歩むことが罪なのです。

主イエス・キリストは、一時の空腹のために神から目を離すことはいたしません。どのような試練の中にあろうとも、神の霊が心の内にあり、神の力と助けが共にあるので、この世の良きものに目をとめて神から目を離し、神の言葉に背いた行いをすることはいたしません。アダムとエバには自由意志だけが与えられていたので、この世の良きものである知恵の木の実を見た時、その魅力に負けて神の戒めを忘れ、その実を食べてしまいましたが、主イエス・キリストには神の霊が心の内に宿っており、神の霊の導きに従い、神の霊と一体となっておられたので、神のみこころにかなうこと以外は一切興味を示すことができない心の状態にあるのです。主イエス・キリストは神の言葉に従う道を歩み、この世の良きものを提供されても、神の言葉に反することは一切行いません、という意味を込めて、「人はパンだけで生きるのではなく、神の口から出る一つ一つのことばによる」と答えられ、試みる者、サタンの第一の誘惑、罪の試みに勝利されました。

するとサタンは、主イエス・キリストを聖なる都に連れて行き、神殿の頂に立たせて言いました。「あなたが神の子なら、下に身を投げてみなさい。『神は御使いたちに命じて、その手にあなたをささえさせ、あなたの足が石に打ち当たることのないようにされる』と書いてありますから」。イエスは言われました。「『あなたの神である主を試みてはならない』とも書いてある」。

この第二のサタンの試みは、世の試みです。空腹な時、石をパンになるように命じなさいとサタンに誘われましたが、主イエス・キリストは、神の霊の導きと聖書の知識によってサタンの誘いに打ち勝ちました。聖書の知識によってサタンの誘いに打ち勝ったことを捕らえて、サタンは第二の誘惑を主イエス・キリストに試みました。聖書の知識にそんなに通じており、聖書の学びに努力しているなら、聖書に書かれているとおりの行いをしてご覧なさいという誘いです。

生ける神、主は、神に祈り求める者に対し、み言葉をもって答えられ、そのみ言葉と共に神の霊が働き、神の力と助けがそこにあるのです。いくら聖書の知識に通じていても、神のみこころにかなう祈り求めがそこにあり、神の霊の働き、神の力と助けが共にあるのでなければ、聖書の言葉は何の働きもしないのです。サタンは主イエス・キリストに、高い神殿の上から飛び下りてみなさい、聖書には、神はみ使いに命じて神の子を支え、その足が石に打ち当たることがないようにされると書いてあるではないかと誘いましたが、これはサタンの誘いの言葉であって、そこには神のみこころはなく、神の言葉と共に働く神の霊もなく、神の助けも力もないのです。

神のみこころがそこにないことを知りながら、神の言葉が生きて働くかどうかやってみることは、神を試みることとなるのです。神の言葉とは、神の言葉単独で存在するのではなく、神を求める者の祈り求めに対し、神はみ言葉をもって答えられ、神のみこころを示すとともに、その神のみ言葉と共に神の霊が働き、神の力と助けが共に働くものなのです。神に祈り求めて神のお答えをいただくという手順を踏まず、現実の必要の上に立って、ただ単に神のみ言葉を聖書の中から持ってきて、そのみ言葉と共に神の霊が働くかどうか試すことは、全く神のみこころに反することであり、神に敵対する世の働きなのです。

世は神の言葉を信じ受け入れません。「私たちは神を信じていないが、神の言葉がそのまま実現し、神が真実であることを証明すれば、神を信じよう」と、律法学者やパリサイ人はしるしを求めます。しかし、生ける神、主を信ずることのない者に神の霊は働くことはなく、神の言葉を振り回しても神の霊は働かず、神の力と助けもそこにはないのです。神の霊に満たされた主イエス・キリストは、『「あなたの神である主を試みてはならない」とも書いてある』とお答えになり、ただ単に神の言葉を振り回して、そこに神の力が働くかどうか試してみようというサタンの試みに勝利されました。

今度はサタンがイエスを非常に高い山に連れて行き、この世のすべての国々とその栄華を見せて言いました。「もしひれ伏して私を拝むなら、これを全部あなたに差し上げましょう」。イエスは言われました。「引き下がれ、サタン。『あなたの神である主を拝み、主にだけ仕えよ』と書いてある」。するとサタンはイエスを離れていき、御使いたちが近づいてきて仕えました。

空腹の時、石をパンに変えるよう命じなさいという試練と、高い神殿の頂から飛び下りてみなさいという試練を乗り越えた主イエス・キリストに、サタンは、高い山の上から見えるこの世の栄誉栄華を見せて、第三の試練であるこの世の地位と名誉と財産に関する試練を与えました。この世のすべてのものについて、神はその支配をサタンに委ねている。もしサタンにひれ伏して従うなら、この世のすべてをあなたに差し上げましょうと誘ったのです。

サタンは、神からこの世を支配する権威を委ねられていると主張いたします。人の心に潜む原罪、アダムとエバが犯した、神の言葉に背いてこの世の良きものを欲しがり、神の言葉に従い通すことのできない心のゆえに、神はこの世を暗闇に支配させ、仮の姿としてサタンにこの世を支配することを委ねているのです。しかし、サタンの支配下であるこの世から、イスラエルの民が助けを叫び求める声が天にまで届き、その声に耳を傾けて救いの手を差し伸べられたのが生ける神、主です。

エジプトを脱出したイスラエルの民は、荒野の四十年の旅を経て約束の地カナンに入り、神に喜ばれる国を建設します。サウル王、ダビデ王、ソロモン王の時にイスラエルの民は絶頂期を迎えますが、ソロモン王の子供、レハブアム王の時代になって、南ユダ王国、北イスラエル王国に分裂し、イスラエルの民は弱体化します。偶像礼拝が横行する中で、イスラエルの民のバビロン捕虜があり、七十年後にエルサレムの神殿を再建してイスラエルの民は約束の地へ帰還します。しかし、バビロンから帰還したイスラエルの民も、神の前には不十分な民でした。

イスラエルの民の知恵者を代表する律法学者やパリサイ人たちは、神の言葉の勉強はいたしますが、神の霊は彼らと共におらず、人の力によって神の言葉の実践、実行をしようとしたため、神に背を向けて歩んでしまう結果となってしまいました。

このようなイスラエルの民の歩みを前提として、救い主、主イエス・キリストの誕生があるのです。「ひれ伏して私を拝むなら」とサタンは申しますが、降参して私の軍勢の一員となるなら、という意味です。その対価としてサタンが提供したものは、非常に高い山の上から見ることのできる、この世の国々とその栄華でした、私の支配下にあるすべての良いものをあなたに差し上げるから、私の軍勢に入りなさいと、サタンは主イエス・キリストを誘ったのです。第三の試みは、この世の支配を委ねられているというサタンの試みです。

主イエス・キリストは、「引き下がれ、サタン。『あなたの神である主を拝み、主にだけ仕えよ』と書いてある」とお答えになりました。神の霊に満たされた主イエス・キリストは、非常に高い山の上から見るこの世の国々やその栄華を見ても、心が揺り動かされませんでした。神の霊に満たされて導かれ、この世に神の国を建設することこそ、主イエス・キリストに与えられた生ける神よりの使命です。この世の国々は表面的には繁栄していますが、人々の心の中には不安と悩みがいっぱいであり、この世の国はサタンの支配下にあり、罪の働きの結果、苦しみ、悲しみ、死が支配しているのです。そして、そこから神に助けを求める叫び声が上がるのです。表面的なこの世の国々の繁栄より、人の心の中の神の国の建設、人の集まり、人の組織体の中での神の国の建設こそ、主イエス・キリストが実現するよう神より委ねられた使命なのです。

全く見当はずれなものを提供しようとしたサタンの試みに対し、主イエス・キリストはサタンそのものの働きを否定し、自分の前から引き下がることを命じます。サタンが主イエス・キリストの前から引き下がると、主イエス・キリストとサタンの戦いを見守っていた御使いたちが近づいてきて、主イエス・キリストに仕えました。

このように、神の前で罪と世とサタンの働きを退けた主イエス・キリストは、いよいよ三年半の公生涯を始められ、「天の御国が近づいた」と言って、神の国の宣教を始められました。「十戒」と旧約聖書の律法を成就しつつ歩み、神の力と助けを得つつ良き実を結ぶことのできる生命の道の教え、主イエス・キリストの山上の垂訓を弟子たちに教え諭すとともに、弟子の先頭に立って率先垂範して生命の道を歩まれ、生命の道の教えに導かれて一歩一歩前進する時、そこに神の力と助けがあり、神の平安と喜びのうちに良き実を結ぶ、神に喜ばれ人に喜ばれる働きができることを実証されたのが、主イエス・キリストの三年半の公生涯です。

三年半の公生涯を始められた主イエス・キリストは、人の病を癒し、神の恵みと力がご自身と共にあることを示されつつ、弟子たちをお集めになりました。そして三年半の公生涯を弟子たちと共に歩まれました。主イエス・キリストは弟子たちに、「十戒」と旧約聖書の律法を成就しつつ歩む生命の道の教えを教え諭すとともに、弟子の先頭に立って生命の道を歩まれました。この弟子たちと共に歩む主イエス・キリストの生命の道の歩みの記録が、ヨハネの福音書です。

そして、主イエス・キリストは、生命の道の収穫の歩みの最後に待っていた十字架の死と復活も、生ける神を信じ抜く信仰により神に従い抜き、天の父なる神のもとに復活されました。そして、三年半の公生涯において、主イエス・キリストの心の中に内住し、主イエス・キリストを導き、主イエス・キリストがなされたすべての奇蹟の原動力であった神の霊を、聖霊として弟子たちの上に遣わしてくださるよう神にお願いいたしました。神は喜んでその願いを聞き入れ、ペンテコステの日に弟子たちの上に聖霊が降り、その日より主イエス・キリストの弟子たちは、神の力である聖霊に満たされて世界宣教の業を開始したのです。

山上の垂訓に秘められている生命の道の教えを学ぶためには、どのようにして生命の道の教えが必要となったか、その経緯を知らなくてはなりません。イスラエルの民の四十年の荒野の旅の中での最大の出来事は、神の山シナイで父なる神より「十戒」をいただき、さらにモーセを通して旧約聖書の律法をいただいたことでした。神の言葉である「十戒」は、イスラエルの民と神との間で守るべき五つの戒めと、イスラエルの民が約束の地カナンでみ業に励み、神に喜ばれる国の建設に励むために、イスラエルの民同士が互いに守るべき五つの戒めから成っています。イスラエルの民と父なる神との関係（目に見ることのできない霊的世界）を律する戒めも、イスラエルの民同士（目に見え、手に触れることのできるこの世の世界）を律する戒めも、神の目から見ると、その意図する内容は同じであることから、「十戒」は、霊的世界を律する戒めと、目で見、手で触れることのできるこの世の世界を律する戒めを、その意図する内容に従って合体させた、表裏一体となった五つの戒めです。神の言葉は鋭い両刃の剣と表現されますが、神の言葉「十戒」は、神とイスラエルの民との関係、すなわち目に見、肌で触れることができない霊的世界の事柄をさばく鋭いみ言葉の剣であり、同時に、イスラエルの民同士の関係、すなわち目で見ることができ、手で触れることができるこの世の事柄をさばく鋭いみ言葉の剣であるのです。また、旧約聖書の律法は、イスラエルの民が神の言葉「十戒」を守って歩むために必要な実践細則で、神の言葉「十戒」の実践、実行について具体的な事柄を、神がモーセを通してイスラエルの民にお与えになったものです。

「十戒」と旧約聖書の律法をいただいたイスラエルの民の歩みは、イスラエルの民と神の言葉「十戒」と旧約聖書の律法との葛藤の歩みです。マナと神の言葉「十戒」を刻んだ石板とアロンの杖を契約の箱に入れ、それを担いでヨルダン川を渡ったイスラエルの民は、生ける神、主が共にいてくださる民として、約束の地カナンで繁栄の時を迎えます。サウル王、ダビデ王、ソロモン王の時が絶頂期で、ソロモン王の息子レハブアム王の時代に南ユダ王国、北イスラエル王国に分裂します。北イスラエル王国では、偶像礼拝をしなければならない政治的理由がありました。生ける神、主の神殿のあるエルサレムは南ユダ王国にありました。イスラエルの民は、成人男子はすべて年三回、過越の祭り、仮庵の祭り、初穂の祭りで、神の前に出て捧げ物をしなくてはなりません。北イスラエル王国の民も神の言葉を守って、年三回、神の前に出なくてはなりません。しかし、南ユダ王国にあるエルサレムの神殿にその民を上らせることもできず、北イスラエル王国では偶像の神、金の子牛二つをつくって、「これがあなたがたが礼拝すべき神だ」といたしました。このことに関し、生ける神、主は、預言者エリヤやエリシャ等を通し、悔い改めて生ける神に立ち返るように働きかけますが、南ユダ王国と北イスラエル王国に分裂した経緯もあり、北イスラエル王国から偶像礼拝がなくならなかったばかりか、王家の婚姻を通して南ユダ王国にまで偶像礼拝が流入してきてしまう状態でした。

このような状況により、イスラエルの民のバビロン捕虜となってしまいました。しかし、七十年後に、イスラエルの民はエルサレムの神殿を建て直し、約束の地に帰ってきました。バビロン王国は偶像礼拝の国でした。偶像の神は、口があっても語れず、目があっても見えない、耳があっても聞こえず、鼻があっても嗅げない、手があっても触れず、足があっても歩けない、のどがあっても声を上げることもできない。偶像の神をつくる者も、これに信頼する者もみな、これと同じとなってしまうのです。イスラエルの民から偶像礼拝を取り除くため、生ける神、主は、バビロンで偶像礼拝の実態を知らしめ、生ける神、主が共にいてくださるイスラエルの民がいかに幸いであるかを悟るようにされたのです。また、偶像礼拝の罪から、生ける神、主に立ち返るために、七十年の期間が必要であったということでもあります。エルサレムの神殿を建て直し、約束の地カナンに帰ってきたイスラエルの民でしたが、「十戒」と旧約聖書の律法に従って神のみこころにかなう歩みをするためのイスラエルの民の指導者はもう王ではなく、律法学者とパリサイ人でした。律法学者は、神の言葉「十戒」と旧約聖書の律法を研究し、そのあるべき姿をイスラエルの民に教えました。パリサイ人は、律法学者の教えを忠実に実践、実行、実証していた人たちでした。しかし、律法学者が教え、パリサイ人が実践、実行に励む教えは、神の力と助けを前提とせず、人間として実行可能な教えとは何かの追求となってしまい、神の言葉「十戒」と旧約聖書の律法の求めるものを少しずつ割り引きし、人として実践、実行しやすいものとすることしかできませんでした。このことは、生ける神、主がイスラエルの民に求めるものとは似ても似つかないものを生み出してしまったのです。

このようなイスラエルの民の歴史の上に重くのしかかった神の言葉「十戒」と旧約聖書の律法を、一歩一歩、神の力と助けをいただいて成就して歩む教えが、主イエス・キリストの教え、山上の垂訓に隠されている生命の道の教えなのです。神の言葉「十戒」と旧約聖書の律法を学ぶことも大切ですが、主イエス・キリストの教え、山上の垂訓の中に隠されている生命の道の教えは、神の言葉「十戒」と旧約聖書の律法を一歩一歩成就して歩む教えとなっているので、まず主イエス・キリストの生命の道の教えについて学び、その中で、神の言葉「十戒」と旧約聖書の律法の内容について学んでいきたいと思います。

2 「ラオデキヤの教会員が主イエス・キリストから買い求める火で精錬された金、白い衣、目に塗る目薬」

実践的バイブルスタディーは、まず箴言三章一―一二節をクリスチャン・ビジネスマンの心構えとして学び、次にヨハネの黙示録二―三章の七つの教会についての学びをいたしました。主イエス・キリストの教え、山上の垂訓を実践的バイブルスタディーで取り組むようになったのは、ヨハネの黙示録三章にある、ラオデキヤの教会員に対する主イエス・キリストの導きの言葉によります。

ヨハネの黙示録三章一八―二〇節

わたしはあなたに忠告する。豊かな者となるために、火で精錬された金をわたしから買いなさい。また、あなたの裸の恥を現さないために着る白い衣を買いなさい。また、目が見えるようになるため、目に塗る目薬を買いなさい。わたしは、愛する者をしかったり、懲らしめたりする。だから、熱心になって、悔い改めなさい。見よ。わたしは、戸の外に立ってたたく。だれでも、わたしの声を聞いて戸をあけるなら、わたしは、彼のところに入って、彼とともに食事をし、彼もわたしとともに食事をする。

ラオデキヤの教会員は熱くもなく冷たくもない、熱いか冷たいかどちらかであってほしいと、主イエス・キリストはおっしゃいます。熱く燃え上がるラオデキヤの教会員となるためには、火で精錬された金と、白い衣と、目に塗る目薬を、主イエス・キリストから買わねばなりません。池の上キリスト教会の創立者、山根可式牧師は聖日礼拝で何度も、買うということは、努力という代価を払って、主イエス・キリストの教えの言葉を学び取ることだと教えてくださいました。主イエス・キリストから買い取るのですから、それは主イエス・キリストの教えの真意を努力と忍耐をもって学び取るということです。主イエス・キリストの教えとは、マタイの福音書五―七章にまとめられている山上の垂訓のことです。主イエス・キリストの教え、山上の垂訓の中に、火で精錬された金があり、白い衣があり、目に塗る目薬があるのではないかと示されました。

また、ヨハネの福音書一六章七―一一節には、助け主なる神が来られる時、み霊なる神である聖霊が、キリストの弟子をはじめ世に対して、罪と義とさばきについて明らかにしてくださることが記されています。

しかし、わたしは真実を言います。わたしが去って行くことは、あなたがたにとって益なのです。それは、もしわたしが去って行かなければ、助け主があなたがたのところに来ないからです。しかし、もし行けば、わたしは助け主をあなたがたのところに遣わします。その方が来ると、罪について、義について、さばきについて、世にその誤りを認めさせます。罪についてというのは、彼らがわたしを信じないからです。また、義についてとは、わたしが父のもとに行き、あなたがたがもはやわたしを見なくなるからです。さばきについてとは、この世を支配する者がさばかれたからです。わたしには、あなたがたに話すことがまだたくさんありますが、今あなたがたはそれに耐える力がありません。しかし、その方、すなわち真理の御霊が来ると、あなたがたをすべての真理に導き入れます。御霊は自分から語るのではなく、聞くままを話し、また、やがて起ころうとしていることをあなたがたに示すからです。御霊はわたしの栄光を現します。わたしのものを受けて、あなたがたに知らせるからです。

ヨハネの福音書一六章七―一一節は、私が主イエス・キリストを信ずる信仰の入り口となった箇所です。一九七二年（昭和四七年）四月、私は社主夫妻に連れられて単立渋谷教会の礼拝に出席しました。森豊吉牧師は、この箇所を通してメッセージをされました。私はそれまで、助け主なる神がこの世におられることを全く知りませんでした。ヤマザキパンの混乱と紛争の中で、何とか良い道を見出したいと捜し求めていた私は、助け主なる神がおられるなら、ぜひお助けいただきたいと願いました。戦後の教育の中で育った私は、神について教えを受けたことはなく、助け主なる神の存在など全く知らなかったのです。

すると、「罪についてというのは、彼らがわたしを信じないからです」というみ言葉が、私には思い当たることがあり、私の心に響いてまいりました。私は高校三年の夏、神に出会う体験をしました。しかし、その時は神にお従いするのではなく、この世の喜怒哀楽を自分で体験したいと願い、神もその願いを受け入れてくださったため、その後はこの世に目を向け、この世に何か良いものがあるはずだと求め続けた歩みをしておりました。その結果、高校三年までは大変明るいところにいたものが、この世を見て歩み始めた結果、暗闇を見て歩むこととなり、その暗闇はどんどん深いものとなっていました。私は高校三年の時の神に出会った体験を思い出し、神の存在は信じていても、神に従っていなかったことを強く示されました。主イエス・キリストを信ずるとは、主イエス・キリストの存在を信じるだけでなく、その教えのみ言葉に従って歩むことだと示されました。「信じて従えばいいんですね」。私は自問自答して、これまで世のほうに向けていた私自身の目を百八十度方向転換して、神のおられると思う方向に向き直りました。すると、真っ暗な暗闇のはるか彼方に一点の光を見出しました。私は、その見出した一点の光に向けて歩みを開始いたしました。

「罪について」ということに関しては思い当たることがあり、すぐに悔い改め、神に従う歩みを開始いたしましたが、「義について」、また「さばきについて」ということに関しては全くわかりませんでした。それから三十数年の年月が過ぎ去りました。

私は一九七三年（昭和四八年）七月一五日に、私の両親でありヤマザキパン創業者である飯島藤十郎社主夫妻と共に、池の上キリスト教会の山根可式牧師によって受洗の恵みに入れていただきました。社主夫妻と私の三人揃っての受洗の十一日後に、ヤマザキパンの最有力工場である武蔵野工場の火災に遭遇し、その火災の翌日、社主は社主夫人と私を連れて池の上キリスト教会を訪れ、山根先生に祈っていただくとともに、社主も祈りました。

「この火災は、ヤマザキがあまりにも事業本位に仕事を進めてきたことに対する神の戒めです。これからのヤマザキは、神のみこころにかなう会社に生まれ変わります」。

社主の祈りに社主夫人も私も祈りを合わせ、社主、社主夫人、私の三人は、新しい出発をいたしました。武蔵野工場の火災以来、私はこの社主の祈りを祈りとして、この三十数年間を歩んでまいりました。暗闇の中に一点の光を見出し、その光に向けて歩みを開始した私でしたが、最近では私のまわりは大変明るくなりました。助け主なる神がどんな時にも私たちと共にいてくださり、守り導いてくださっていることを感謝しております。

さて、助け主なる神、聖霊が、世にその誤りを認めさせてくださる罪と義とさばきについてですが、この三十数年の歩みの中で少しずつ理解することができるようになってきました。ヨハネの福音書一六章一三—一四節に、「その方、すなわち真理の御霊が来ると、あなたがたをすべての真理に導き入れます。御霊は自分から語るのではなく、聞くままを話し、また、やがて起ころうとしていることをあなたがたに示すからです。御霊はわたしの栄光を現します。わたしのものを受けて、あなたがたに知らせるからです」とあります。み霊なる神、聖霊は、主イエス・キリストがすでにこの世にお与えになった主イエス・キリストの教え、山上の垂訓と、三年半の公生涯で主イエス・キリストが歩まれた歩みについて、また主イエス・キリストの心の中に宿って主イエス・キリストを導いた導きを、そのまま弟子たちに知らせてくださるのです。このことから、助け主なる神、聖霊が世にその誤りを認めさせる罪について、義について、さばきについての内容は、主イエス・キリストの教え、山上の垂訓の教えの内容ではないかと考えるようになりました。

主イエス・キリストの教え、山上の垂訓は、冒頭の「心の貧しい者は幸いです」から始まる九福《ベアティチュード》と「地の塩、世の光」の教えと、二十一の山上の垂訓本体の教えに分けることができます。私はジョン・ストット著の『クリスチャン・カウンターカルチャー』（*Christian Counter-culture*）に基づいて実践的バイブルスタディーを行ってまいりました。この本に導かれて山上の垂訓の教えを学んでいるうちに、九福《ベアティチュード》と「地の塩、世の光」の教えを除くと、主イエス・キリストの教え、山上の垂訓本体の教えは、マタイの福音書五章に七つ、六章に七つ、七章に七つ、合計二十一の教えがあることがわかりました。

　主イエス・キリストの教え、山上の垂訓の本体の教えの中で、マタイの福音書五章には、罪（sin）についての教えがあると示されています。罪とは、生ける神、主に背を向けて歩むことであり、その向かう方向は、神に属するものとは相容れることのないこの世の働きです。この世のものは有限であって、有限のものを奪い合って混乱と争いが生じ、その結末は死に至ります。罪の支配下で苦しみ、悲しみ、神に助けを叫び求める人々がイスラエルの民でした。神はその叫び声に耳を傾け、救いの手を差し伸べ、イスラエルの民をエジプトの圧政下から救い出されました。

　もともと神は、神の命令に背いた人、アダムとエバを罪と世とサタン、そして暗闇が支配する世に追放され、人の罪を直視することがないようにされました。神はご自身が創造された人を愛し、罪のゆえに人を滅ぼし去ることがないようにされたのです。神が人をこよなく愛される愛のゆえです。また、人が世の苦しみや悲しみの中で、神と共に平安と喜びの中で歩んだエデンの園、すなわち神の国を思い出し、神の力と助けを求めて叫び声を上げ、生ける神、主に心から従う心を起こさせるためでした。

イスラエルの民がエジプトの圧政下で神に助けを求める声を上げるのを、生ける神、主は待ち望んでおられ、モーセを指導者に任じて、イスラエルの民をエジプトから脱出させました。神は、エジプトから救い出したイスラエルの民を、四十年の荒野の旅に導かれました。罪と世とサタンの支配するこの世の中にあって、神に喜ばれ、生ける神、主が共に歩んでくださる神の国を建設するためには、まずイスラエルの民を、生ける神、主と共に歩むことのできる民としなければなりません。生ける神、主と共に歩むということがどのようなことであるか、それがいかに祝福と恵みに満ち、平安と喜びに満ちたものであるかを体験させたのです。そして、生ける神、主がイスラエルの民と共に歩んでくださるために、イスラエルの民が守り行い、実践、実行しなければならない具体的な条件が、神の言葉「十戒」と旧約聖書の律法です。

罪について聖霊が明らかにしてくださるとありますが、罪とは、救い主、主イエス・キリストが生ける神、主より生命の道の教えを委ね託されてこの世に来られても、この世の事柄を優先させて、主イエス・キリストの教えを受け入れず、主イエス・キリストに従うことをせず、生ける神、主が差し伸べておられる愛の手を自分自身で振り切って、自分勝手な道を歩もうとすることです。罪と世とサタンが支配するこの世において、神の言葉「十戒」と旧約聖書の律法を守って生ける神、主と共に歩む時、この世を支配する罪の力、世の力、サタンの力と対決することになります。その結果、この世の中でどのような試練と困難、迫害が起こるか、そのような試練と困難、迫害の中で、神の力と助けがどのように働き、キリストの弟子たちをどのような祝福と恵み、平安と喜びの中に導き入れるかを、この罪についての章でみ霊なる神は、主イエス・キリストの教えを通して示し導いてくださるのです。

マタイの福音書六章には七つの教えがあり、義（righteousness）についての教えであると示されています。義とは、神に喜ばれ、祝福され、良き実を結ばせる行いのことです。主イエス・キリストが公生涯を歩まれた三年半の間、主イエス・キリストご自身が、生ける神、主に全身全霊を挙げて従う歩みをされ、弟子たちにとって主イエス・キリストご自身が義であったので、弟子たちは主イエス・キリストの言葉に従っていれば、良き実を結ぶ働き、神の業が当然のごとく働き、何の迷いも発生しませんでした。しかし、主イエス・キリストが十字架の上で死なれ、弟子たちの前から取り去られた時、弟子たちをまとめ、守り導く義なる存在がなくなってしまいました。主イエス・キリストは弟子たちに対し、「あなたがたを捨てて孤児にはしません」とお約束されましたが、十字架の死から三日目に復活され、天の父なる神の右の座に着座されると、父なる神にお願いして、三年半の公生涯の間中、主イエス・キリストの心の中に宿って主イエス・キリストを守り導き、あらゆる奇蹟の業の根源となってくださったみ霊なる神を、聖霊として弟子たちの上にお遣わしくださいました。事実、ペンテコステの日に、大音響とともに弟子たちの上に聖霊が下り、弟子たちはみ霊に満たされ、異国の言葉で語りだし、世界宣教を開始したのです。

マタイの福音書六章にある義についての教えは、み霊に満たされ、生ける神、主からみ言葉と使命を受けて、罪と世とサタンが支配するこの世において、この世における神の国の建設である世界宣教に励むキリストの弟子が、神の祝福と恵み、平安と喜びの中、神の力と助けをいただきつつ行う、み言葉と使命の種蒔きと育成結実、収穫、総合管理の歩みがどのようなものであるかを示したものです。善行（alms）とは、み言葉と使命の種蒔きであると示されています。隠れたみ言葉と使命の種蒔き、隠れた祈り、隠れた断食と続くマタイの福音書六章の教えによれば、罪と世とサタンの支配するこの世において、キリストの弟子がみ霊に満たされ導かれて行うみ言葉と使命の種蒔きは、そのみ言葉の種をお与えくださった生ける神、主から目を離さずに行わねばなりません。そのために、隠れた種蒔き、隠れた祈り、隠れた断食が必要なのです。

この世の人は、蒔かれた種である良きものを見ると欲しくなり、種蒔きの働きの邪魔をするのです。生ける神、主から力と助けが来るのであって、神の力と助けによって蒔かれた種から芽が出て成長し、実を結ぶのです。み言葉の種蒔きは、隠れて行わなければなりません。み言葉の種が実を結び、収穫をする時にも試練があり、また、み言葉の種蒔きを継続して行い、良き実を結び続けるためには、さらなる試練が待っており、み霊の働き、神の力と助け、神の祝福と恵みがなければ、キリストの弟子は何一つ良いことを行うことができないのです。マタイの福音書六章にある義についての教えは、神に喜ばれる行いであり、その教えの言葉とともに神の守りと導きがあって、キリストの弟子が裸の恥を現さないために着る白い衣となるのです。

マタイの福音書七章には七つの教えがあり、さばき（judgement）についての教えであると示されています。罪と世とサタンが支配するこの世ですが、実際は父なる神が全世界をご支配くださっており、良き実を結ばせるすべての良き業の根源となっていてくださいます。罪とは、神の命令に背き、神に背を向けて歩むことですが、世はその背きの罪を、生ける神、主の目に直接入らないようにするために暗闇で覆います。この世は、神に喜ばれる良き業で満ちていますが、この世を覆う暗闇のゆえに神のみこころに背く罪の働きが見逃され、その働きも次第に成長し、大きくなっていきます。暗闇が覆うこの世には、良き実を結ばせる神の働きに満ちていますが、同時に、神の言葉に背く罪の働きも混在しているのです。ここに、神に喜ばれる善悪の見分け方を教えるさばきについての教え、み霊の力と助けをいただきつつ、神に喜ばれる判断に至る道の教え、目に塗る目薬が必要とされる理由があるのです。

この世の人は、神の命令に背く罪、すなわち悪を他人の中に見出すと、すぐにそれを排除しようといたします。しかし、悪を排除したら良いものが残るという保証はどこにもありません。私の体験では、悪を排除できたと一安心したら、もっと大きな悪に直面して、何一つ前進できなくなってしまったということが何度もありました。

マタイの福音書七章のさばきについての教えでは、まず人が人をさばく人間的なさばきをしてはいけないと教えます。人が人をさばく時、さばかれた人は反撃を試みます。他人をさばくさばきが人間的な基準である時、その他人をさばく基準を自分自身に当てはめられると、この世の人は完全な人はどこにもいないので、そのさばきの座に立ちおおせることができず、追い詰められてしまいます。隣人や他人の罪についてさばくことは、混乱と争いの源であり、争いが争いを生む中で死がやって来るのです。

主イエス・キリストは、マタイの福音書七章のさばきについての教えで、隣人や他人の罪をさばくのではなく、天におられる神に目を転じ、助け主であり救い主である主イエス・キリストの教えを信じ、神に喜ばれるみ言葉と使命の種蒔きに集中しなさいと教えます。「蒔かぬ種は生えぬ」との諺がありますが、み言葉と使命の種蒔き、育成結実、収穫、総合管理に集中して努力することが生命の道の歩みなのです。

この世では、良き実を結んだその収穫をめぐって争いがあります。良き実を結ぶ種蒔きをしていない人たちは、収穫がないので乏しくなり、困窮します。「隣の芝生は青い」と申しますが、青々と繁っている実りの多い畑を見るとうらやましくなり、それを欲しくなります。しかし、自分の努力の結果ではないものを自分のものにしようとすると、盗みの罪となり、争いの種を蒔くことになってしまいます。

隣人や他人の罪を見てさばくことをやめ、目を神に向けて、神から与えられるみ言葉と使命の種蒔きに励み、そこから芽生える神の業の育成結実に励み、神に喜ばれる収穫をして、さらなるみ言葉と使命の種蒔きに励むことが、神の祝福と恵みにあずかる道で、このような歩みをする時、隣人や他人をさばくことを回避することができるのです。

しかし、このような神に喜ばれるみ言葉と使命の種蒔き、育成結実、収穫の働きに集中していても、その働きの中で試練や困難に直面するのです。ここに、主と共に歩む生命の道の歩みがあるのです。主と共に歩むキリストの弟子の生命の道の歩みも、試練と困難に満ちています。しかし、生ける神、主から与えられたみ言葉と使命を握って離さなければ、主にある平安と喜びが失われることはありません。この主にある平安と喜びの継続こそ、試練や困難を克服する保証となるものであり、主イエス・キリストが共にいてくださる保証でもあるのです。

実践的バイブルスタディーでのMinistryの賜物の学びで、サウル王とダビデ王について学んできました。サウル王はイスラエルの国の最初の王でした。サウル王は、イスラエルの国の誰よりも背が高く、美しい人でした。しかし、心の内面は弱く、臆病な王で、この世のことにのみ目を向け、神のみ言葉と使命をいただいても、神の命令に従い抜くよりも、見た目で判断し、ペリシテ人の大軍を見て恐れて理性を失い、また、味方のイスラエルの民の求める声を恐れて神のみ言葉を退けてしまう王でした。すべての祝福と恵み、繁栄は、生命の源である生ける神、主から来るということに対する理解が欠けていたからです。

サウル王の次にイスラエルの王に任じられたダビデは、羊飼いとしての働きを神に認められ、サムエルを通して油注がれ、イスラエルの王となるべく、さまざまな試練と困難の中を歩みました。神に喜ばれた羊飼いとしてのダビデの働きは、日々、雨の日も風の日も羊を牧場に連れて行って食べ物を与え、水飲み場に連れて行って水を与え、野の獣が襲ってくれば身体を張って野の獣と戦い、羊を救う羊飼いとしての働きです。イスラエルの王として、この羊飼いの心を持って国を治めるならば、神のみこころにかなう王が誕生するとお考えになった神は、外見で選んだサウル王を退け、心の中に神のみこころにかなう働きをする準備のあったダビデを選び、イスラエルの王とすべく、生ける神、主が共に歩む訓練の時を持ちました。ダビデはどんな試練や困難の中にあっても、生ける神、主から目を離すことなく、常に生ける神、主の導きの中を歩みました。また、生ける神、主の恵みと祝福を得続けるために、細心の注意を払って歩み、サウル王を殺す機会が二度ありましたが、生ける神、主のみこころを重んじ、手を下しませんでした。
マタイの福音書七章のさばきについての教えは、人としてのさばきの方法を教えるのではなく、神に喜ばれる判断に至る教えなのです。罪について知ることは、二千年の歴史の中で練りに練られた主イエス・キリストの教えのみ言葉である金言を主イエス・キリストから買うことであり、義について知ることは、神より与えられるみ言葉と使命の実践、実行に励み、良き実を結び、神の守りと導きをいただき、裸の恥を現さないために着る白い衣を買うことであり、また、さばきについて知ることは、隣人や他人をさばくことをやめ、神より与えられるみ言葉と使命の実践、実行、実証に励み、良き実を結ぶ中で、神に喜ばれる善悪を判断する知恵をいただき、目に塗る目薬を買うことなのです。

2「ラオデキヤの教会員が
主イエス・キリストから買い求める
火で精錬された金、白い衣、目に塗る目薬」

3
「実践的バイブルスタディーの実としてのOne Love One God のチャートと生命の道」

主イエス・キリストの教え、山上の垂訓は、マタイの福音書五章、六章、七章に記されていますが、山上の垂訓の学びは大変難しく、奥深く、その教えの内容を確信を持って語ることは容易ではありません。

私は、実践的バイブルスタディーでは、箴言三章一―一二節、またヨハネの黙示録二章、三章にある七つの教会の学びをいたしました。箴言三章一―一二節は、クリスチャン・ビジネスマンの心得として、池の上キリスト教会の朝禱会で成毛謙次郎長老より、「あなたの財産とすべての収穫の初物で、主をあがめよ。そうすれば、あなたの倉は豊かに満たされ、あなたの酒ぶねは新しいぶどう酒であふれる」（箴言三章九―一〇節）という み言葉を導かれました。受洗当時、また三年たった時でも、神に感謝することができない者であった私自身が、神に感謝するということを具体的にできないのは、神についてよくわかっていないからではないかと考え始めました。そして、神の知識とは何かを求め、箴言三章一節からの学びに挑戦しました。新改訳聖書の索引を導きとして、英語の聖書キング・ジェームス・バージョンを参考にしながら求めたものです。「クリスチャン・ビジネスマンは、箴言さえ勉強していれば大丈夫ですよ」という成毛長老の言葉に導かれ、「神の命令とは何か」「神の教えとは何か」ということから求めを開始いたしました。

　また、ヨハネの黙示録二章、三章にある七つの教会は、池の上キリスト教会の創立者、山根可弌牧師がいつも礼拝の説教でお話しくださった箇所ですが、ヤマザキパンの事業経営にあって、一九七九年（昭和五四年）三月末に発足した、社主の意を体した新体制の社長としてヤマザキパンの中で私が体験したさまざまな出来事が、それぞれの教会での出来事とあまりにも一致しており、不思議に思いつつ、いつも祈り求め、導かれた聖書の箇所です。私自身がヤマザキパンの事業経営を通し、確信を持ってお話をできる箇所として、実践的バイブルスタディーでヨハネの黙示録二章、三章にある七つの教会の学びをいたしました。

　ヨハネの黙示録二章、三章にある七つの教会の学びが終わった時、導かれた聖書の箇所は、マタイの福音書五章、六章、七章にある、主イエス・キリストの教え、山上の垂訓でした。七つの教会の最後の教会であるラオデキヤの教会員に対し、主イエス・キリストは、熱く燃える教会員となるために、火で精錬された金と、裸の恥を現さないために着る白い衣と、目が見えるようになるために目に塗る目薬を、主イエス・キリストから買いなさいと導かれます。祈り求めのうちに、火で精錬された金とはマタイの福音書五章のことであり、裸の恥を現さないために着る白い衣とはマタイの福音書六章のことであり、目が見えるようになるために塗る目薬とはマタイの福音書七章のことであると導かれました。

箴言三章一―一二節の学びと、ヨハネの黙示録二章、三章にある七つの教会の学びについては、日曜礼拝における池の上キリスト教会での山根可弌牧師の説教によるところと、私自身のヤマザキパンの事業経営における実体験に基づくものであり、参考書は必要としませんでした。しかし、マタイの福音書五章、六章、七章にある主イエス・キリストの教え、山上の垂訓は畏れおおい聖書の箇所であり、私自身が祈り求めたり実体験で導かれたりしたことを実践的バイブルスタディーで学んでも不十分であると示されました。

ライフ・ミニストリーのドグ・バードセル氏を通し、日本に駐在している米国人のクリスチャン・ビジネスマンの方々にお会いして、私の悩みについて何か良い解決策がないか問いかけました。するとある婦人が、ジョン・ストット著の『クリスチャン・カウンターカルチャー』という本を送ってくださいました。その婦人が山上の垂訓の学びで使った本です。私はその本を直訳しながら山上の垂訓の学びを開始いたしました。ジョン・ストット博士は、神学者として世界でも最高の権威者であることなど全く知りませんでしたが、私自身の知識によるのではなく、しっかりした神学を根拠にして山上の垂訓の学びをしなければならないと示されたからでした。

マタイの福音書五章、六章の学びについては、何一つ問題がありませんでした。ジョン・ストット著の『クリスチャン・カウンターカルチャー』は、聖書の教えにまことに忠実であり、主イエス・キリストの教えの一つ一つを丁寧に説明し、解説してくれていました。ヨハネの黙示録三章のラオデキヤの教会の導きにより、マタイの福音書五章は火で精錬された金、六章は、裸の恥をさらさないために着る白い衣、七章は、目が見えるために塗る目薬であると示されていましたが、さらに私自身の聖書の入り口であるヨハネの福音書一六章七―一一節を参照すると、マタイの福音書五章は罪についての章であり、六章は義についての章であり、七章はさばきについての章であると導かれました。

これらの導きのもとに、ジョン・ストット著『クリスチャン・カウンターカルチャー』の学びを実践的バイブルスタディーで続け、マタイの福音書五章、六章と無事終了いたしました。しかし、七章に来てトラブルが発生いたしました。ジョン・ストット博士は、この七章を「人間関係」の章としております。ヨハネの黙示録三章のラオデキヤの教会の導きでは、マタイの福音書七章は、目が見えるようになるために目に塗る目薬の章であり、ヨハネの福音書一六章七―一一節の導きでは「さばきについて」の章です。また、ヤマザキパンの事業経営上の体験として思い当たることも数多くあり、マタイの福音書七章の学びについては、ジョン・ストットの『クリスチャン・カウンターカルチャー』において人間関係の章であるということから離れ、ヤマザキパンの事業経営上の体験を主とした学びとして、「さばきについて」の章として挑戦いたしました。

「さばいてはいけません。さばかれないためです」。「聖なるものを犬に与えてはいけません。また豚の前に、真珠を投げてはなりません」。「求めなさい。捜しなさい。たたきなさい」。「何事でも、自分にしてもらいたいことは、ほかの人にもそのようにしなさい。これが律法であり預言者です」。第一の教えから順に来て、第四の教えまではまずまず順調に来ました。しかし、第五の教えである「狭い門から入りなさい。いのちに至る門は小さく、その道は狭く、それを見いだす者はまれです」という言葉に出会い、それ以上前進できなくなりました。狭い門とは何であるか、生命に至る小さな門、生命に至る細い道とは何であるか、全く見出すことができず、私の実践的バイブルスタディーの学びは限界に達し、前に進めなくなり、堂々巡りとなってしまいました。

実践的バイブルスタディーの参加者から、「学びのスタートからやり直したらどうか。何をどのように学んできたか忘れてしまったから」というアドバイスを受け、箴言三章一―一二節から学びをやり直しました。二度目の学びでは、マタイの福音書七章についてはまだ準備ができていなかったので、マタイの福音書五章、六章だけを学びました。三度目の学びでは、箴言一章から一〇章までを丁寧に学び、ヨハネの黙示録二章、三章にある七つの教会の学びを経て、マタイの福音書五章、六章の学びをしつつ、狭い門、生命に至る小さい門、生命に至る細い道とは何かについて祈り求めておりました。

二〇〇〇年七月、ヤマザキパンは、パンの中に虫が混入しているという虫クレームにより製品回収を求められました。虫の混入によっては人体に危害が及ぶことがないため、抜本的な対策はとられておりませんでした。乳業大手の食品衛生上の事故がきっかけで、食品産業全般に対する社会的不信が膨らむ中で、虫クレームによる製品回収を求められました。全国の各工場で虫クレームによる製品回収が始まっては、ヤマザキパンの事業が成り立ちません。食品企業への社会的非難や批判が高まる中で、ヤマザキパンは虫クレーム対策に抜本的に取り組むことが社会の要請に応えることであると受け止め、全社的な組織をつくって対応を開始し、約三か月でヤマザキパン独自の虫クレーム対策を見出しました。

厚生省の指導もあり、米国の実情を調査したところ、米国のパン学校ＡＩＢ（American Institute of Baking）がＡＩＢフード・セーフティー統合基準による教育指導監査システムを持っており、それは五十年の歴史があり、年間七千件を超える指導監査をしていることを知りました。私はカンザス州にあるＡＩＢに行って、私がヤマザキパンの中で見出した虫クレーム対策と、ＡＩＢフード・セーフティー統合基準による指導監査システムを比較しましたが、ＡＩＢフード・セーフティー指導監査システムのほうが経験も実績もあり、科学的根拠に基づいた管理手法で、ヤマザキパンの虫クレーム対策よりはるかに優れていると判断し、ヤマザキパンにこれを導入するとともに、製パン業界、関連業界、さらには食品産業全般に導入する体制づくりをいたしました。

二〇〇一年の夏、虫クレーム対策は万全で、課題をクリアーしたと判断した私は、業績回復を期すべく新しい努力を開始しました。食品安全衛生管理体制がいくら万全でも、会社の業績は確保できません。食品安全衛生管理体制の上に築き上げる事業運営体制を築き上げるべく努力を開始いたしました。私は生産面には自信がありましたので、営業面に着目し、全国各工場の営業課長を集め、営業課長会を開催するとともに、営業面における事業の前進を課題とした工場巡回をいたしました。その結果は全くの失敗で、販促費が増加する結果を招き、事業経営は全く失速してしまいました。自分の試みは全く失敗だったと判断した私は、営業面からの業績回復対策を中止して祈り求めました。

ヤマザキパンの経営危機を乗り越えるには、私自身の限界に挑戦する以外にないと示されました。私の限界とは、実践的バイブルスタディーでは、「狭い門、生命に至る小さな門、生命に至る細い道」を見出せないことでした。もし、生命の道を見出すことができれば、ヤマザキパンの事業も新しい前進をすることができると示されました。

実践的バイブルスタディーで、三度目の主イエス・キリストの教え、山上の垂訓の学びをしておりました。ジョン・ストット著の『クリスチャン・カウンターカルチャー』の学びを続けているうちに、主イエス・キリストの教え、山上の垂訓は、九福《ベアティチュード》と「地の塩、世の光」の教えの部分と、山上の垂訓本体の教えの部分と、二つに分けることができることがわかりました。また、山上の垂訓本体の教えは、マタイの福音書五章に七つ、六章に七つ、七章に七つ、合計二十一の教えがあることがわかりました。また、主イエス・キリストの教え、山上の垂訓は、神の言葉「十戒」と旧約聖書の律法を一歩一歩成就しつつ歩み、神のみこころにかなう歩みを可能とする教えであることもわかりました。

One Love One God のチャートは、私の実践的バイブルスタディーの学びの実です（巻末参照）。神の言葉「十戒」と旧約聖書の律法を、主イエス・キリストは五つのパンと二匹の魚と表現され、神の言葉「十戒」と旧約聖書の律法は、神に喜ばれる歩みの基盤となっています。神の言葉「十戒」は、表裏一体となった五つの戒めであり、旧約聖書の律法は、二つの偉大な命令に集約されるのです。神の言葉「十戒」は、神に喜ばれる歩みの基盤ですが、旧約聖書の律法は、神の言葉「十戒」の実践細則であり、細則に従って歩むことにより神の力と助けをいただくことができ、神に近づく者としての働きの質の高さを得ることができるものです。

主イエス・キリストの教え、山上の垂訓を、主イエス・キリストは七つのパンと魚少々と表現されます。七つのパンは山上の垂訓本体の教えのことで、二十一の教えが三位一体の教えとなっており、山上の垂訓本体の教えは、三位一体の教えが七つある教えです。三位一体の教えとは、「罪についての教え」「義についての教え」「さばきについての教え」の三つの教えが三位一体となっており、三つの教えが一つの教えを形成しているのです。山上の垂訓本体の教えは、三位一体の教えが七つあるのです。また、魚少々とは、山上の垂訓の中の副次的な教えのことで、九福《ベアティチュード》と「地の塩、世の光」の教えのことです。魚少々とは、山上の垂訓本体の教えの中に隠されている、生命の道を指し示す伏線となっている教えです。

私は二〇〇一年一〇月、ヤマザキパンの経営危機を乗り越えるために、One

Love One God のチャートを前にして生命の道を捜して祈り求め、その祈り求めのうちに導かれました。マタイの福音書五章、山上の垂訓の冒頭にある九福《ベアティチュード》と「地の塩、世の光」の教えは、主と共に歩むキリストの弟子の歩みであり、キリストの弟子が主イエス・キリストと共に神の力と助けをいただいて歩む道であることはすでに示され、池の上キリスト教会の記念誌として出版していました。この九福《ベアティチュード》と「地の塩、世の光」の教えが、主イエス・キリストの教え、山上の垂訓本体の教えの中に隠されている生命の道の伏線になっているのでした。私はすぐさま九福《ベアティチュード》と「地の塩、世の光」の教えと、山上の垂訓本体の教えの中に隠されている生命の道にある一つ一つの教えについて、それぞれの内容が一致し、一体化しているかどうか調べました。すると、それは見事に一致しておりました。

まず、九福《ベアティチュード》の第一の教え「心の貧しい者は幸いです」についてですが、主と共に歩むキリストの弟子は、主と共に世に向かって歩みを開始いたします。One Love One God のチャートを前にして祈り求めていると、生命の道の入り口は、マタイの福音書七章の第一の教えと第二の教えの間にあることが示されました。七章の第一の教えは「さばいてはいけません。さばかれないためです」であり、第二の教えは「聖なるものを犬に与えてはいけません。また豚の前に、真珠を投げてはなりません」です。

私はまず「心の貧しい者は幸いです」というみ言葉と、「さばいてはいけません。さばかれないためです」、「聖なるものを犬に与えてはいけません。また豚の前に、真珠を投げてはなりません」という二つのみ言葉との関連を調べました。「心の貧しい者は幸いです」という教えとは、英語の聖書では「Blessed are the poor in spirit」です。心の貧しい者（the poor in spirit）とは、ハイスピリットの人と正反対の人のことです。ハイスピリットの人は自信満々で、すべて自分が主になって物事をなそうとする人のことです。心の貧しい者（the poor in spirit）は、すべての行いにおいて物静かで冷静に物事を判断し、見誤りをしないよう気をつけながら行動する人のことです。

ハイスピリットの人は、難しい事柄や意見を異にする人や、あるいは明らかに誤った考え方をしている人たちに出会うと、自分の考えを明確に発言し、それが受け入れられないとなると、力ずくで自分の考えを押し通し、自分の考えの正しいことを証明しようとします。反対に、心の貧しい者（the poor in spirit）は、難しい事柄や意見を異にする人に出会ったり、明らかに誤った考え方をしている人に出会っても、自分の考え方を主張することから行動を開始いたしません。難しい事柄とは何か、どうして難しいのか、意見を異にする人とどうして意見を異にするのか、明らかに誤った考え方をしている人に対しては、どうしてそのような誤った考え方をしているのか、心の中で問うことから始めます。ハイスピリットの人は、混乱や争いを恐れず、その中を力ずくで突き進み、自分の考えていることを実現しようといたしますが、心の貧しい者（the poor in spirit）は、現状をまず受け入れることから始めます。

この世の世界は罪と世とサタンの支配下にあり、神のみこころは明らかにされていません。暗闇の支配する中で、それぞれが自分自身の考え方で行動しておりますが、誰の考えが神のみこころにかなう良き実を結ぶものであるかは、その考え方を具体的に実践、実行して、その生み出されてくる結果である実を見る以外にないのです。また、一つの考え方を具体的に実践、実行しても、それが良き実を結ぶためには、さまざまな試練と困難を乗り越えていかねばなりません。また、一番大事なことは、み言葉の種の中の生命の力が宿っているかどうかを見極めることであり、たとえ蒔かれた種が芽を出しても、それが育成結実するまでには、人の力では及ぶことのない神の力が豊かに注がれなければならないのです。生命の道の入り口で、他人や隣人やそこにある事柄を非難したり否定したり、あるいは逆にこの世の力に迎合してしまっては、生命の道の歩みがスタートしないばかりか、生命の道の入り口で混乱と争いを繰り返すこととなるのです。

「さばいてはいけません。さばかれないためです」という教えは、主と共に歩むキリストの弟子の生命の道の入り口で、この世の事柄を見て、神のみこころと違うと言って周囲の物事や人々を非難否定したりすることをやめ、目を天に向けて、神の導きを求めることが大切だという教えです。また、「聖なるものを犬に与えてはいけません。また豚の前に、真珠を投げてはなりません」という教えは、主と共に歩むキリストの弟子の拠り所です。

主イエス・キリストに出会うきっかけは、神に助けを求め、この世のことに失望した結果でした。この世は苦しみと悲しみが支配し、人を信頼しても裏切られ、神以外に助けてくださる方はいないと知って、主イエス・キリストの十字架の恵みを受け入れ、罪の贖いを信じて、キリスト者となりました。神は私たちの救いと助けを求める声に耳を傾け、助けの手を伸ばしてくださいました。主イエス・キリストを信じ、神との出会いを体験する時、神はみ言葉と共に、この世で果たすべき使命をお与えくださり、その使命を果たすのに必要な権威と力を添えて与えてくださるのです。主と共に歩むキリストの弟子が、天におられる神を見上げる時、神より与えられた、この世で果たすべき使命を思い出します。神より与えられるみ言葉と使命こそ、聖なるもの、真珠のように尊いものなのです。

この時、ハイスピリットの人は、心の中に自分中心の思いが強く、神を見上げて神から与えられる使命を思い出しますが、物事が少し動いてくると、この世の事柄に目を移し、自分の考え方が支配的になって、神のみこころから離れやすくなります。しかし、心の貧しい者（the poor in spirit）は、神から与えられたみ言葉と使命をしっかり心の中にたくわえ、その実践、実行に励み、神のみこころから離れません。自分中心の思いが心の中に少ない心の貧しい者（the poor in spirit）は、神から与えられたみ言葉と使命を手放さないだけでなく、事あるごとに、神のみこころを確かめて物事を行います。天の父なる神は、この心の貧しい者（the poor in spirit）を喜ばれ、神の力であるみ霊を豊かに注がれ、その働きを祝してく

だ さいます。ダビデ王は心の貧しい者（the poor in spirit）の代表であり、サウル王はハイスピリットの人の代表です。

九福《ベアティチュード》の第二の教え「悲しむ者は幸いです」というみ言葉と、生命の道の第二の門となっている「人に見せるために人前で善行をしないように気をつけなさい」、「祈るときには自分の奥まった部屋に入りなさい。そして、戸をしめて、隠れた所におられるあなたの父に祈りなさい」という二つの教えのみ言葉との関連も調べてみましたが、その内容は相互に関連して一致しており、九福《ベアティチュード》と「地の塩、世の光」の教えが、山上の垂訓本体の教えの中に隠されている生命の道の伏線になっていることがわかりました。

生命の道が主イエス・キリストの教え、山上の垂訓に隠されていることを私自身が見出しただけでは不安でしたので、第十一回ドラッカー財団カンファレンスに出席し、ピーター・ドラッカー博士のご意見を求めたところ、大変興味を持ってくださり、日本だけではなく米国でも「生命の道の教え」について本として出版しなさいとアドバイスをくださいました。私は本として出版するには、まず自分自身で生命の道の教えを実践、実行する以外にないと示され、山上の垂訓本体の教えの中に隠されている生命の道の教えに従って、み言葉の種蒔きから仕事をスタートさせる「部門別製品施策、営業施策。小委員会によるなぜなぜ改善」としてヤマザキパンの事業の方向づけを行い、事業上の指針としてきました。約十年を経ますが、ヤマザキパンの経営は一歩一歩手応えをもって前進するようになり、私の見出した生命の道は私の限界を打ち破り、また、ヤマザキパンの事業経営の前進を可能にしてくれるものであることを明らかにしてくれました。

実践的バイブルスタディーの学びとして、これから九福《ベアティチュード》と「地の塩、世の光」の教えが、山上の垂訓本体の二十一の教えの中に隠されている生命の道の伏線となっていること、また九福《ベアティチュード》と「地の塩、世の光」の教えが山上の垂訓本体の教えとどのように関連しているか、その教えの内容がどのように一致し、何を導いているのかについて、九福《ベアティチュード》と「地の塩、世の光」の教えに一つ一つ導かれながら学んでいきたいと思います。

生命の道の歩み・第一ステージ
「種蒔きの歩み」　第一の門

4「心の貧しい者は幸いです」

九福《ベアティチュード》の最初の教えは、「心の貧しい者は幸いです」というマタイの福音書五章三節のみ言葉です。この「心の貧しい者は幸いです」というみ言葉は、主イエス・キリストの教え、山上の垂訓の教えの中に隠されている生命の道の入り口を指し示す教えです。

九福《ベアティチュード》と「地の塩、世の光」の教えは、主と共に生命の道を歩むキリストの弟子がどのような試練と困難に出遭い、その中で神の力と助けがどのように働き、キリストの弟子を成長させ、神に近づく者となるかを教えたものです。主イエス・キリストを信じ受け入れ、受洗の恵みに入れられたキリストの弟子は、神の霊の注ぎを得て、主イエス・キリストが体験されたように、キリスト者として整えられているかどうか試みを受け、その試練に勝利したのちに、この世におけるキリスト者としての歩みを開始します。九福《ベアティチュード》と「地の塩、世の光」の教えに従って主と共に歩むキリストの弟子は、神の力と助けをいただきつつ、主イエス・キリストと共に生命の道を歩むために、神の霊に満たされ、平安と喜びの中で、この世に向けた歩みを開始するのです。

主と共に歩むキリストの弟子の前に現れる、生命の道の入り口にある門の中央には、「心の貧しい者は幸いです」という言葉が刻まれており、また右側の門柱には「さばいてはいけません。さばかれないためです」、左側の門柱には「聖なるものを犬に与えてはいけません。また豚の前に、真珠を投げてはなりません」という言葉が刻まれています。生命の道の入り口にある門の中央に刻まれている言葉と、左右の門柱に刻まれている言葉を、主イエス・キリストの教え、山上の垂訓に従って全文を記します。

マタイの福音書五章三節

心の貧しい者は幸いです。天の御国はその人たちのものだから。

マタイの福音書七章一―五節

さばいてはいけません。さばかれないためです。あなたがたがさばくとおりに、あなたがたもさばかれ、あなたがたが量るとおりに、あなたがたも量られるからです。また、なぜあなたは、兄弟の目の中のちりに目をつけるが、自分の目の中の梁には気がつかないのですか。兄弟に向かって、『あなたの目のちりを取らせてください』などとどうして言うのですか。見なさい、自分の目には梁があるではありませんか。偽善者よ。まず自分の目から梁を取りのけなさい。そうすれば、はっきり見えて、兄弟の目からも、ちりを取り除くことができます。

マタイの福音書七章六節

聖なるものを犬に与えてはいけません。また豚の前に、真珠を投げてはなりません。それを足で踏みにじり、向き直ってあなたがたを引き裂くでしょうから。

「心の貧しい者は幸いです」という教えのみ言葉は、英語の聖書（ニュー・キング・ジェームズ・バージョン）では「Blessed are the poor in spirit」と記されています。心の貧しい者とは、ハイスピリットの人と正反対の人のことを指します。ハイスピリットの人は、すべて自分が正しいと信じ、何でも自分が中心になって物事を実践、実行しようとします。聖書の教えによれば、人の生まれたままの心の中は本来この世のものでできており、そこには生命の力がなく、良き実を結ぶ力がありません。良き実を結ぶ種も、芽生えた苗を成長させ結実させる力も、すべて生命の力は神から与えられるのです。人間の力を信じ、自分の力を信じて、ハイスピリットで物事をなそうとする人は、神の目から見るならば、人間の持っている力と神から出る力の違いをよく理解しておらず、神から出ている力を、人の持っている力であるかのように勘違いしているのです。

主と共に歩むキリストの弟子の歩み、生命の道の歩みは、父なる神の力と助けをいただきながら、神より与えられるみ言葉と使命の実践、実行に集中して努力を傾け、み言葉と使命の種蒔き、芽生えた苗の育成結実、収穫、総合管理を通して、良き実を結び続ける働きに勤しみ、栄光を神に帰すことにあります。ハイスピリットの人は、人の力を信じ、自分の力を信ずる人ですから、神の力と助けを受け入れようとしない傾向にあります。神の力と助けを受け入れようとしない傾向は、生命の道の歩みのすべての段階で障害となるものですが、特に生命の道の入り口では、み言葉と使命の種蒔きを通して良い働きのスタートを切ることを難しくするのです。

「心の貧しい者は幸いです」という、生命の道の入り口にある、狭い門の中央に刻まれたみ言葉と、その意味する内容が一致する二つの主イエス・キリストの教えの言葉が、生命の道の入り口にある左右の門柱に刻まれています。右側の門柱には、「さばいてはいけません。さばかれないためです」というみ言葉が刻まれています。主イエス・キリストと共に歩むキリストの弟子の歩みでは、生命の道の入り口であろうと、その道の途中であろうと、さまざまな試練や困難、苦しみや悲しみが待っています。

主イエス・キリストはバプテスマのヨハネより洗礼を受け、み霊が鳩のように主イエス・キリストの上に下り、み霊に導かれて荒野に行き、四十日四十夜断食をされました。その後、試みる者である悪魔がやって来て、三つの試練の問いかけをしました。罪と世とサタンの試みで、衣食に関する試練、神の知識に関する試練、地位・名誉・財産に関する試練です。主イエス・キリストも、バプテスマを受け、み霊が下ったあとで三つの試練を受けられたのですから、主と共に歩むキリストの弟子が同様の試練に遭遇することは当然のことです。その試練をしっかり乗り切る時、主と共に歩むキリストの弟子は整えられて、神から与えられるみ言葉と使命の実践、実行に励む者となっていくのです。

生命の道の歩みの最後に主イエス・キリストは十字架の上で死なれ、三日目に復活され、神の右の座に着座されると、父なる神にお願いして、三年半の公生涯の間中ずっと主イエス・キリストの心の中に宿り、主イエス・キリストを守り導き、すべての奇蹟の業の原動力であったみ霊なる神を、聖霊として弟子たちの上にお遣わしくださっているのです。ペンテコステの日に聖霊の火のような降臨を受けた弟子たちは、み霊に満たされ、異国の言葉で語りだし、勇躍、世界宣教の働きに旅立っていったのです。

このみ霊なる神、聖霊は、今もキリストの弟子と共に働いていてくださいます。主と共に歩むキリストの弟子は、すでに罪と世とサタンの働きに勝利された主イエス・キリストが共にいてくださるので、どんな試練や困難に遭遇しようとも、それを乗り切ることができると約束されているのです。それなのになぜ、主と共に歩むキリストの弟子の前に試練と困難があるのかと思わされますが、それは、キリストの弟子自身の心の中に罪と世とサタンの働きが残っており、それを取り除くための努力が必要だということなのです。人は試練と困難に出遭い、その中で自分自身の心の中に神のみこころにかなわないものがあることを知って、悔い改める以外に潔められ神に近づく道はないのです。このことを信じ抜いて主と共に歩むキリストの弟子の試練と困難は、キリストの弟子を成長させ、潔め、神の器として整えるためであることを知って、生命の道の入り口では、どんな人がいようと、どんな物事があろうと、非難したり否定したりせず、すべてを受け入れて歩み始めなければなりません。

「さばいてはいけません。さばかれないためです」という主イエス・キリストの教えの言葉の真意は何でしょうか。そして、「心の貧しい者は幸いです」というみ言葉とどう関連しているのでしょうか。主イエス・キリストと共に歩むキリストの弟子は、主と共に生命の道の歩みを開始しようとしています。しかし、これから歩まんとする道を見る時、さまざまな試練や困難が予想され、身の毛もよだつようなイヤな事柄や、思ってもみない苦しみや悲しみの中をくぐり抜けていかねばならない道が目の前に見えます。この世を見て、恐れる心が湧いてきます。

また、本来嫌っている事柄には本能的に反発いたします。「さばく」とは、目に見え、手に触れることのできるこの世のものに対し、自分の考えや求めるものと違うとして、非難したり否定したりすることなのです。

キリストの弟子と共にいてくださる主イエス・キリストは、三つの試練に勝利されただけではなく、三年半の公生涯において、天地創造の神、生ける神、主より委ね託された生命の道の教え、山上の垂訓を弟子たちに教え諭されるとともに、主イエス・キリストご自身が弟子の先頭に立って生命の道を歩まれ、病を癒し、生まれつき目の見えない人の目を開くなど、神にある力強い奇蹟の業を行われ、さまざまな試練や困難を乗り越えられて、生命の道の歩みは、神の力と助けをお借りするならば、実践、実行して良き実を結ぶことが可能であることを実証されました。そして、生命の道の最後に待ち受けている十字架の死と復活も、生ける神、主の守りと導きを信じ抜いて前進され、天の父なる神のみもとに復活されました。

ハイスピリットの人や自分中心の考えの強い人は、その試練や困難の原因となっている人や物事を見出すと、その人や物事を非難したり否定したり排除したりしようとします。あるいはまた、どうしても対処することができないと感ずると全面降伏をして、キリストの弟子と共に歩んでくださっている主イエス・キリストから目を離してしまいます。しかし、試練や困難の原因となっている人や物事を非難し、否定し、その人や物事を排除しても、根本的な試練と困難の克服には何の役にも立ちません。この世の働きに全面降伏してしまったら、神の力と助けはどこかに行ってしまいます。主と共に歩むキリストの弟子が試練と困難に出遭うのは、キリストの弟子自身の問題であって、周囲の人の問題ではないのです。キリストの弟子が直面する試練と困難は、キリストの弟子が成長し、神に一歩近づく者となるためのものであるのです。

主イエス・キリストはキリストの弟子に、神に喜ばれ、良き実を結ぶ良き働きの種を与えようとしておられるのに、キリストの弟子の心の中にあるこの世に対する思い、この世に執着する心が、周囲の人をさばき、周囲の人を非難したり否定したりして、良き実を結ぶ良き働きの種から目を離させ、神に喜ばれる良き働きがスタートしないようにしているのです。生命の道の歩みにあって、主イエス・キリストと共に歩むキリストの弟子は、この世の問題から目を離さねばなりません。「さばいてはいけません。さばかれないためです」という教えは、この世の問題に目をとめてはならないという教えです。この世の問題に目をとめる時、解決することのできない問題の山に突っ込んでいくことになるのです。心の貧しい人（the poor in spirit）は、この世の問題を見ても、それをその問題の原因となっている人や物事のせいにはせず、その問題がそこにあるのは何か別の意味があるのではないかと考え、隣人や周囲の人を非難したり否定したりしません。さまざまな問題と共に生きる中で、問題を解く鍵を見つけようといたします。ここに、神に喜ばれる、主と共に歩むキリストの弟子の生命の道の歩みのスタートがあるのです。

「聖なるものを犬に与えてはいけません。また豚の前に、真珠を投げてはなりません」という、生命の道の入り口の左側の門柱に刻まれている主イエス・キリストの教えのみ言葉の真意は何でしょうか。そして、この教えは、「心の貧しい者は幸いです」というみ言葉とどう関連しているのでしょうか。

生命の道の入り口に立った、主と共に歩むキリストの弟子は、「さばいてはいけません。さばかれないためです」というみ言葉に導かれて、生命の道の入り口にはさまざまな問題があり、非難すべき人や、否定されてもおかしくない人たちや物事がありますが、それらの人々を非難したり否定したりして、さばくことはやめました。しかし、隣人や周囲の人を非難したり否定したりするのをやめるだけでは、生命の道の歩みはスタートいたしません。

「さばいてはいけません。さばかれないためです」という教えのみ言葉に導かれた、主と共に歩むキリストの弟子は、この世の問題、非難したり否定したりしたくなる人や物事から目を離し、主イエス・キリストに目を転じ、天の父なる神を見上げます。父なる神は、主と共に歩むキリストの弟子に対し、その弟子がこの世で果たすべき使命をみ言葉と共にお与えくださっているのです。

キリスト者が主イエス・キリストを信じ受け入れ、受洗に導かれたのは、この世の中の働きに希望を見出すことができなかったからです。人を信頼して裏切られ、道を見出せなくなって、神に助けを求め、十字架の恵みと罪の贖いを知ったからです。神との出会いを体験すると、神は祈り求めに答えて、この世で果たすべき使命をみ言葉と共にお与えくださり、その使命を全うするための権威と力をもそれに添えてお与えくださったのです。「聖なるもの」「真珠のように尊いもの」とは、神より与えられるみ言葉と使命、そして神より授けられる権威と力のことであり、神に強く祈り求めた結果、与えられるものです。

モーセは、エジプトの国で隷従を強いられ、エジプト人の圧政下で苦しんでいるイスラエル人を救いたいと強く神に願いました。最初は自分の力でイスラエル人を救おうとして、エジプト人を殺しました。するとイスラエル人から、「お前は人殺しだ。私たちも殺そうというのか」とののしられ、エジプトの王、パロから追っ手が差し向けられ、荒野に逃げました。父なる神は、イスラエルの民をエジプトの圧政下から救い出したいというモーセの願いが、荒野の四十年の羊飼いとしての暮らしの中でも衰えなかったことを見て、モーセを選び出してイスラエルの民の指導者といたします。神の山ホレブでモーセは、火で燃えているのに燃え尽きない柴を見て不思議に思い、そこに近づいて神に出会いました。神はモーセに、イスラエルの民をエジプトから救い出す使命をお授けになります。そして父なる神は、その使命を実行するための権威として、イスラエルの民の指導者としての立場をモーセに与え、さらに神の力を発揮する象徴として、杖をモーセに授けられました。神の力と助けがモーセと共にあり、イスラエルの民はモーセに率いられてエジプトの国を脱出いたしました。

一九七三年（昭和四八年）七月一五日、飯島藤十郎社主夫妻と私の三人が、池の上キリスト教会の山根可弌牧師によって受洗の恵みに加えていただきました。受洗から数えて十一日目の朝、ヤマザキパンの最有力工場である武蔵野工場が、その心臓部とも言うべき食パン・オーブン一基を除き、生産設備を全焼する火災に遭遇いたしました。火災の翌日、飯島藤十郎社主は社主夫人と私を連れて池の上キリスト教会を訪れ、山根牧師に講壇の前で祈っていただくとともに、社主も祈りました。「この火災は、ヤマザキがあまりにも事業本位に仕事を進めてきたことに対する神の戒めです。これからのヤマザキは、神のみこころにかなう会社に生まれ変わります」。この祈りに社主夫人も私も祈りを合わせ、社主夫妻と私の三人は、主にある心の一致を実現するとともに、新しい出発をいたしました。

武蔵野工場の火災は早朝の火災で、従業員に誰一人怪我人はおりませんでした。昼頃に鎮火し、従業員は全員食堂に集合し、点呼がありました。全員無事を確認したあと、武蔵野工場分の生産を関東六工場で夜勤で行うため、武蔵野工場の従業員はそれぞれ定められた工場に分散いたしました。火災の当日と翌日は、武蔵野工場の販売店さんに製品をお届けすることはできませんでしたが、三日目からは、関東六工場で夜勤で生産された製品が、焼け残った武蔵野工場の配分場に集結され、通常どおりの配分が行われ、販売店さんにお届けすることができました。

武蔵野工場復旧プロジェクト・チームの一員として武蔵野工場に遣わされていた私は、大変不思議な光景を目にいたしました。私が武蔵野工場に行った時、火災の焼け跡ではまだ煙や水蒸気がくすぶっておりました。武蔵野工場の生産設備は全焼してしまいましたが、武蔵野工場におけるヤマザキパンの仕事は生き生きと働いていました。関東六工場で夜勤で製造された製品が武蔵野工場の配分場に集結され、配分されて、通常どおりのヤマザキパンの仕事がそこにあったのです。火災によっても損なわれることのないヤマザキパンの仕事がそこにありました。私は全く不思議なものを見た思いに捕らえられました。そして、このヤマザキパンの仕事、すなわち、どんな試練や困難に遭遇しようとも、注文のあった品は良品廉価で誰にも負けない品質のものを、日々確実に販売店さんを通してお客様にお届けすることが、ヤマザキパンに与えられた最大の使命であると思わされました。その後、ヤマザキパンにはいろいろな試練と困難がありましたが、一九七九年（昭和五四年）三月末、ヤマザキパン経営陣の新体制が発足し、私が社長に就任いたしました。社長に就任した私は、会社の方向づけを決定する権威と使命をいただき、社主の祈りと、武蔵野工場の焼け跡で見出したヤマザキパンに与えられた神よりの使命、社会的使命から一時として目を離さず努力を続け、三十年余りが経過いたしました。

聖なるもの、真珠のように尊いものとは、神より与えられるみ言葉と使命ですが、また、そのみ言葉と使命と共に生命の力が働き、良き種蒔きの種を与え、育成結実、収穫、総合管理を通して良き実を結び続ける力を持った仕事の種、み言葉の種のことです。

この世の中には、良き実を結んだ事業活動の結果だけに興味があり、良い種蒔きの働きや、育成結実の働きに興味を示さない人々がいます。生命の力の働きに興味があるのではなく、結実した実だけに興味のある人々のことです。これらの人々は、種蒔きの種や、種の中に秘められている生命の力には興味を示しません。実を稔らせた収穫物のみに興味を持ち、儲けることを仕事としている人々です。これらの人々に、ヤマザキパンの使命は何であるか、神から与えられたみ言葉と使命は何であるかをいくら強調しても、何の反応もありません。結果として儲けることができる製品であるかどうかだけが問われるのです。また、ヤマザキの精神を理解することのできない者がヤマザキパンの経営をするならば、会社の発展は全く望めないだけでなく、従業員の生活の安定した確保も難しくなるのです。そのような危機は、この世のものに惑わされて、神より与えられるみ言葉と使命を手放してしまうことによって起こるのです。もしそのようなことが起きるならば、会社の社会的価値は失われ、諸先輩たちの築き上げてきた努力の結果は水泡に帰してしまうのです。

心の貧しい人は、共にいてくださる主イエス・キリストから目を離さず、神より与えられるみ言葉と使命を手放しません。この世にはさまざまな試練と困難があり、どこでどのような誘いがあるかわからないものです。ハイスピリットの人は、自分が良いと思うと、その誘いに乗りやすいものです。心の貧しい、自分中心の心が少なく、常に目を神に向けている人は、人の誘いに乗ることはなく、常に神のみこころを問い、神の導きに従い、聖なるもの、真珠のように尊いものを手放さずに、生命の道を前進することができるのです。

ピーター・ドラッカーは、What is our mission? Who is our customer? What does the customer consider value? と問いなさいと教えます。このピーター・ドラッカーの三つの質問を問うことによって、クリスチャンでなくても、良き実を結ぶ生命の力を持つみ言葉の種を見出すことができます。「私たちに与えられた使命は何ですか」、「私たちの顧客は誰ですか」、「その顧客は何を真に価値あるものとして求めていますか」と問うことが必要です。事業経営の場では、その事業内容の対象となる顧客が必ずいます。その顧客が真に価値あるものと考えている事柄の実現と、その事業に与えられた使命とを突き合わすところに、現実の事業経営の場があり、良き実を結ぶみ言葉の種、事業経営の種がそこに見出されるのです。

生命の道の歩み・第一ステージ
「種蒔きの歩み」　第二の門

5「悲しむ者は幸いです」

生命の道の歩みは、門の中央に「心の貧しい者は幸いです」と刻まれた門をくぐり抜けると、主と共に歩むキリストの弟子は、生ける神、主より聖なるもの、真珠のように尊いもの、生命の力を内蔵するみ言葉の種、すなわち、この世にあって神のみこころに従って実践、実行すべきみ言葉と使命を、権威と力と共に授かり、そのみ言葉と使命の実践、実行からキリストの弟子としての働きを開始いたします。み言葉の種蒔きの歩みを開始すると、そこにみ言葉の種蒔きの第二の門が現れます。

種蒔きの歩みの第二の門の中央には、「悲しむ者は幸いです」というみ言葉が刻まれています。そして、第二の門の右側の門柱には、「人に見せるために人前で善行をしないように気をつけなさい」と刻まれており、左側の門柱には、「あなたは、祈るときには自分の奥まった部屋に入りなさい。そして、戸をしめて、隠れた所におられるあなたの父に祈りなさい」と刻まれています。生命の道の種蒔きの歩みの第二の門の中央に刻まれているみ言葉と、左右の門柱に刻まれているみ言葉を、主イエス・キリストの教え、山上の垂訓に従って全文を記します。

マタイの福音書五章四節

悲しむ者は幸いです。その人たちは慰められるから。

マタイの福音書六章一―四節

人に見せるために人前で善行をしないように気をつけなさい。そうでないと、天におられるあなたがたの父から、報いが受けられません。だから、施しをするときには、人にほめられたくて会堂や通りで施しをする偽善者たちのように、自分の前でラッパを吹いてはいけません。まことに、あなたがたに告げます。彼らはすでに自分の報いを受け取っているのです。あなたは、施しをするとき、右の手のしていることを左の手に知られないようにしなさい。あなたの施しが隠れているためです。そうすれば、隠れた所で見ておられるあなたの父が、あなたに報いてくださいます。

マタイの福音書六章五―一五節

また、祈るときには、偽善者たちのようであってはいけません。彼らは、人に見られたくて会堂や通りの四つ角に立って祈るのが好きだからです。まことに、あなたがたに告げます。彼らはすでに自分の報いを受け取っているのです。あなたは、祈るときには自分の奥まった部屋に入りなさい。そして、戸をしめて、隠れた所におられるあなたの父に祈りなさい。そうすれば、隠れた所で見ておられるあなたの父が、あなたに報いてくださいます。また、祈るとき、異邦人のように同じことばを、ただくり返してはいけません。彼らはことば数が多ければ聞かれると思っているのです。だから、彼らのまねをしてはいけません。あなたがたの父なる神は、あなたがたがお願いする先に、あなたがたに必要なものを知っておられるからです。だから、こう祈りなさい。

『天にいます私たちの父よ。
御名があがめられますように。
御国が来ますように。

みこころが天で行われるように地でも行われますように。

私たちの日ごとの糧をきょうもお与えください。

私たちの負いめをお赦しください。

私たちも、私たちに負いめのある人たちを赦しました。

私たちを試みに会わせないで、悪からお救いください。』〔国と力と栄えは、とこしえにあなたのものだからです。アーメン。〕

もし人の罪を赦すなら、あなたがたの天の父もあなたがたを赦してくださいます。しかし、人を赦さないなら、あなたがたの父もあなたがたの罪をお赦しになりません。


「悲しむ者は幸いです。その人たちは慰められるから」という、生命の道の種蒔きの歩みの第二の門の中央に刻まれているみ言葉は、英語の聖書では次のように書かれています。「Blessed are those who mourn,For they shall be comforted」「悲しむ者は幸いです」ということは、主と共に歩むキリストの弟子の歩みには、試練と困難が待ち受けているということです。しかし、その試練と困難が目の前にある理由は、周囲の人や隣人がいるために起こるものではなく、主と共に歩むキリストの弟子自身の心の中の問題に起因するのであり、神がキリストの弟子の心の中にある問題について気づかせ、悔い改めさせ、潔め、一歩神に近づく者としようとされていることによるのです。

具体的には、主と共に歩むキリストの弟子は、神より与えられたみ言葉と使命の種を、神より与えられた人々の心の中に蒔くのです。しかし、主と共に歩むキリストの弟子の蒔いた種がすぐに芽を出すわけでもなく、手応えのない日が続くのです。種蒔きは通常、冬に行われ、種は春に芽を出します。種蒔きしたからといって、すぐに芽を出すわけではなく、また種蒔きされた種がすべて芽を出すわけでもないのです。種蒔きはいつも悲しみの中で行われるものです。しかし、主と共に歩むキリストの弟子の種蒔きは、不毛に終わることはありません。主イエス・キリストが共にいてくださり、守り導いてくださるからです。蒔かれた種が良き実を結ぶ時、主と共に歩むキリストの弟子は慰めを受け、喜びで満たされるのです。

さて、種蒔きの歩みの第二の門の右側の門柱には、「人に見せるために人前で善行をしないように気をつけなさい」と刻まれています。第二の門の中央に刻まれている「悲しむ者は幸いです」というみ言葉との関連を考えてみましょう。善行とは、英語の聖書ではalmsとかcharitable deedと記されています。善行（alms）とは、生命の道の歩みにあっては、主と共に歩むキリストの弟子のみ言葉と使命の種蒔きのことで、聖なるもの、真珠のように尊いみ言葉と使命を父なる神より授かったキリストの弟子は、神がお与えくださる人々の心の中に種蒔きをいたします。この時、大勢の人の見ているところでみ言葉と使命の種蒔きをしてはならないと教えます。神が選ばれた人の心にみ言葉と使命の種蒔きをする時には、大勢の人に見られないように、隠れたところでみ言葉と使命の種蒔きをしなさいと教えられます。

神のみこころの実践、実行と、世の人の求めるものは、相容れることはないのです。神のみこころにかなうみ言葉と使命の種蒔きは、本質的にこの世の人の心の求めるものとは合致しないで、反発を招くものなのです。ですから、み言葉の種蒔きは、神が選んでくださった人の心の中に、人に知られないように隠れて蒔くのです。神が選んでくださった理由は、その人々が神に祈り求める人々であり、神はそれらの人々に救いの手を差し伸べようとしておられるのです。

本質的に相容れることのない人たちの見ている前でみ言葉の種蒔きをすると、それを見ていたこの世の人々は、その心に神に求める心がないので、神の働きの邪魔をするように働くのです。蒔かれたみ言葉と使命の種に神の力が最大限に有効に働くためには、邪魔な働きをするこの世の人の見ている前で種蒔きをせず、隠れた種蒔きをする必要があるのです。このような種蒔きは、悲しみの中で行われます。罪と世とサタンの支配する世で苦しみ悲しみ、どうしても願いがかなわず、神に救いと助けを求める祈りの声が起こります。このような祈り求める人々の心が、み言葉の種を蒔く畑となるのです。主と共に歩むキリストの弟子が、悲しみの中で神が選ばれた人の心の中に隠れたみ言葉の種を蒔きました。そのみ言葉の種がいつ芽を出して花を咲かせるかは、天の父なる神のみがご存知です。しかし、その蒔かれた種から芽が生え、葉をつけて成長し、花を咲かせ、実を結ぶ時、主と共に歩むキリストの弟子の種蒔きの働きは、慰められる時が来るのです。

次に、種蒔きの歩みの第二の門の左側の門柱には、「あなたは、祈るときには自分の奥まった部屋に入りなさい。そして、戸をしめて、隠れた所におられるあなたの父に祈りなさい」というみ言葉が刻まれています。第二の門の中央に刻まれている「悲しむ者は幸いです」というみ言葉との関連を考えてみましょう。祈る時とはどのような時かを考えれば、ほぼその答えがわかります。人の心に蒔かれたみ言葉と使命の種が芽を出さない。どうして芽を出さないかわからない。どうしたら芽を出すか示していただきたい。思い願った事柄とは全く相違する結果が出て、主と共に歩むキリストの弟子は天の父なる神に祈り求めます。「種入れをかかえ、泣きながら出て行く者は、束をかかえ、喜び叫びながら帰って来る」（詩篇一二六・六）と聖書に記されているとおりです。

さて祈りですが、祈りは神との会話であると言われております。神にまで届く祈り、神より豊かな恵みと祝福をいただく祈りとは、どのような祈りでしょうか。祈りが天の父なる神との会話であるとすれば、天の父なる神に電話をかけ、困っていることを訴え、現状で直面している問題についてそれを解決するヒントをいただきたい、知恵をいただきたい、神の力を注いでいただきたいと訴えることが祈りです。神に与えられた人々の心の中にみ言葉と使命の種蒔きをいたしました。しかし、芽を出すはずの種から芽が生えてきません。あるいは、芽は出しましたが、その芽は弱々しい芽で、成長いたしません。その原因はどこにあるのでしょう。主と共に歩むキリストの弟子は、種蒔きの試練と困難に直面しているのです。主イエス・キリストが生命の道の教えで説かれる祈りとは、このような祈りのことです。

このような祈りは、イスラエルの民の四十年の荒野の旅の中で、モーセが何度も何度も体験し、必死になってイスラエルの民のために神に祈った祈りです。またダビデもサムエル記第一において、試練と困難の中で神の導きを求め、天の父なる神を見上げ、神のみこころを求めて祈った祈りです。ダビデはこのような時には、祭司エブヤタルにエポデを持ってくるように命じ、彼を通して神のみこころをお伺いしました。天の父なる神に直接みこころをお伺いする祈りですから、神の喜ばれる方法によらねばなりません。人に見られたくて人前で祈る祈りは、神のみこころにかなう祈りではないのです。神のみこころを伺い、その導きによって行動しなければならない真剣な祈りです。

主イエス・キリストがみ霊に導かれて荒野に行き、四十日四十夜断食をされて祈られた祈りの時、主イエス・キリストは天の父なる神のみこころのみを求めるため、人々のいるところを避け、荒野に行かれたのです。私たち、主と共に歩むキリストの弟子の種蒔きの祈りは、天の父なる神のみこころのみを求める祈り、人前を避ける祈りでなければならないのです。

さて、主イエス・キリストは、人前を避けて隠れた祈りに励むキリストの弟子のために、このように祈りなさいと「主の祈り」を教えられました。試練と困難の中で神のみこころを求め、神のみこころにかなう歩みをしたいと願う祈り求めですが、ピーター・ドラッカーが、What does the customer consider value?（その顧客は何を価値あるものとして求めていますか）と問いなさいと教えたように、天の父なる神がキリストの弟子に対し、何を価値あるものとして求めておられるかを知る必要があります。人の祈りは、たとえキリストの弟子であっても、自分の求めるものを直接神に訴える祈りとなりやすいものです。しかし、神の目から見、また神の立場から考えると、大勢の人が同時に神に祈り求めてくるのです。神に届く祈りと、この世の人に向けた祈りがありますが、この世の人に向けた祈りは、神のみこころにかなう祈りとはなりません。神に届く祈りであっても、その祈りの内容が問題となるのです。

天の父なる神は、罪と世とサタンの支配する世にあって、苦しみと悲しみに耐え切れずに助けと救いを求めて叫び声を上げたイスラエルの民を、神と共に歩む神の国、エデンの園に連れ帰ろうとされて、救いの手を差し伸べておられるのです。この世にあって、人の心の中に神の国を実現し、人の集まりの中に神の国を実現し、神と共に歩むエデンの園を実現するため、生ける神、主は、イスラエルの民に、神と共に歩むための条件である「十戒」と旧約聖書の律法をお授けになりました。しかし、イスラエルの民の歴史を通し、神の力と助けなしにはそれを実現することは難しいことが実証されてしまいました。

そこで生ける神、主は、神のひとり子である主イエス・キリストを世に遣わされ、「十戒」と旧約聖書の律法を一歩一歩成就しつつ歩み、神の力と助けをいただきつつ神に喜ばれる良き実を結ばせる生命の道の教え、山上の垂訓を委ね託され、世に遣わされたのです。そして主イエス・キリストは、生命の道の歩みの種蒔きの試練の中で、キリストの弟子が祈る祈りは「主の祈り」であると教えられました。神が喜んで受け入れることができ、恵みと祝福をお注ぎくださる祈りの内容は、神の立場から見ると明瞭なものなのです。神に祈り求めるキリストの弟子の祈りが神のみこころにかなうものである時、神はすでにご用意くださってい る神の恵みと祝福を豊かにお注ぎくださるのです。

主の祈りは一つ一つの単独の祈りであって、キリストの弟子は、その直面している試練と困難がどの祈りに該当するかを知って祈る時、豊かな導きと祝福を得ます。

天にいます私たちの父よ。

天の父なる神は、天地創造の神であられ、この世に主イエス・キリストをお遣わしくださった主イエス・キリストの父なる神であられ、さらに聖霊を主イエス・キリストの求めに従って、キリストの弟子たちの上にお遣わしくださった三位一体の生ける神です。天地創造の神とは、主イエス・キリストと共に生命の道を歩むキリストの弟子の働きにあって、遣わされた人の集団、人の組織体の中における天地を創造し、その組織体の天地を維持し、その天地の中で良き働きができるようにしてくださる神です。人の集団、人の組織体の中における天地創造のために、主と共に歩むキリストの弟子に、人の組織体の指導者としての権威を与え、その人の組織体に神の恵みと祝福をもたらす神の力をお注ぎくださるのです。人の集団、人の組織体の中で、神に喜ばれる天地が確立していない時、まず人の集団、人の組織体の中での天地を創造し、組織を有効に機能させるために何をしたらよいか、神に祈り求めると、導きを得ます。

また、主イエス・キリストの父なる神とは、イスラエルの民の歴史を通し、ひとり子なる神、み言葉なる神、主イエス・キリストに、神の言葉「十戒」と旧約聖書の律法を一歩一歩成就して歩む生命の道の教え、山上の垂訓を委ね託し、主イエス・キリストの三年半の公生涯を通し、イスラエルの民や全世界の主イエス・キリストを信ずるキリスト者に、神と共に歩むエデンの園、神の国の建設に励むことができるように道を示し、手を差し伸べてくださっている神です。み言葉なる神、主イエス・キリストをどんなことがあっても手放してはなりません。

み言葉なる神が生きて働く時、そこに知恵が生まれ、知識が集積され、技術革新が起こるのです。人の組織体の中で、み言葉なる神が豊かにお働きくださるよう祈らねばなりません。

三位一体の生ける神とは、十字架の死と復活を通して生ける神、主の右の座に着座された主イエス・キリストが生ける神、主に願い求めた願いに従って、三年半の公生涯の間中ずっと主イエス・キリストの心の中に宿り、主イエス・キリストを守り導き、あらゆる奇蹟、神の業の力の源となっておられた神の霊、み霊なる神を聖霊（holy spirit）として弟子たちの上に遣わし、助け主、慰め主としてくださった神のことです。

主イエス・キリストは三年半の公生涯の初めにあたり、バプテスマのヨハネより洗礼を受け、神の霊、み霊なる神がご自身の上に下るのをご覧になりました。このみ霊なる神は、三年半の公生涯の間中ずっと主イエス・キリストの心の中に宿り、主イエス・キリストが委ね託された生命の道の教えの実践、実行実証に際して守り導き、あらゆる奇蹟、神の業の力の源となってくださった方です。み霊なる神は、主イエス・キリストの三年半の公生涯における苦しみ、悲しみのすべてを知り尽くしておられるだけでなく、生命の道の歩みの一歩一歩における試練や困難を乗り切る知恵と力を主イエス・キリストに与え、十字架の死に至るまで主イエス・キリストと共に三年半の公生涯を歩まれた方です。そして、主イエス・キリストが十字架の上で「父よ。わが霊を御手にゆだねます」と叫ばれた時、主イエス・キリストより一足先に生ける神、主のもとに帰られました。

生ける神、主は、主イエス・キリストの願いに基づき、三年半の公生涯のすべての苦しみや悲しみを知り尽くしているだけでなく、生命の道の歩みの一歩一歩でその苦しみや悲しみを克服する知恵と力を持ち、あらゆる奇蹟、神の業の力の源であったみ霊なる神を聖霊として弟子たちの上にお遣わしになりました。ペンテコステの日に聖霊の降臨を受けた弟子たちは、主イエス・キリストの教えの言葉の真意を悟るとともに確信と力に満ちあふれ、主イエス・キリストと同じ力を与えられ、勇躍、世界宣教に旅立つのです。主イエス・キリストの生命の道の教えと聖霊の働きによって、二千年後の今日でもなおお生きて働いておられるのが、三位一体の生ける神です。

御名があがめられますように。

キリストの弟子の祈りが神にまで届き、神が救いと助けの手を伸ばされる時、神はみ言葉と使命をキリストの弟子にお与えになります。祈り求めに対する神からのお答えですから、キリストの弟子は喜んで受け入れることができます。また神は、み言葉と使命と共に権威と力をもお授けくださり、キリストの弟子がその使命を成就するのに必要なものをすべて準備されていて、そのすべてをお与えくださいます。また、キリストの弟子の歩みの一歩一歩に神が共にいてくださり、守りと導きとなり、良き実を結ぶための力をお注ぎくださいます。

このような天来の素晴らしい恵みと祝福にあずかるのですから、キリストの弟子は神の力と助けを得て良き実を結んだ時、神のしてくださった働きについて世の人々に知らせ、栄光を主に帰し、神がすべてをしてくださったことに感謝しなければなりません。栄光を主に帰すとは、良き働きができた一番の力の根源は、生ける神、主にあると、世の人に知らせることです。自分自身が何かをなしたと考えることは、神の働きを否定することで、神に栄光を帰すことをしない時、神の祝福がその働きから離れ、神の力と働きはそこから離れ去ってしまいます。

御国が来ますように。

キリストの弟子の働きの場は、罪と世とサタンの支配下にある世です。生ける神、主は、キリストの弟子と共に働く働き人をも準備してくださいます。神がお与えくださる人々と一致協力して、み言葉と使命の実践、実行に励み、霊に燃え、主に仕えて、良き実を結ぶ働きを前進させねばなりません。キリストの弟子を中心とした心を一つにした協力体制、キリストの弟子がリーダーである人の組織体が、神のみこころにかなう働きをし、良き実を結ぶことが、生ける神、主が一番喜ばれることで、神の助けと力が豊かに注がれます。生ける神、主は、キリストの弟子の働きを通し、キリストの弟子がリーダーである人の組織体の人々に神の恵みと祝福をもたらしてくださいます。み言葉の使命の実践、実行を目的とする、キリストの弟子を中心とする、心を一つにした協力体制の維持と強化は、どんな試練や困難が来ようとも、良き実を結ぶ上で必要不可欠なものです。

みこころが天で行われるように地でも行われますように。

罪と世とサタンの支配する世にあって、主イエス・キリストは「十戒」と旧約聖書の律法を一歩一歩成就して歩む生命の道の教えの言葉の体系、山上の垂訓を神より委ね託され、世に遣わされました。そして、弟子たちに生命の道を教え諭すとともに、主イエス・キリストご自身が生命の道を弟子の先頭に立って歩まれ、生命の道の歩みと共に神の力と助けがあり、良き実を結ぶことができることを実証してくださっただけでなく、生命の道の収穫の歩みの前に最後に待っている十字架の死と復活にも神を信じ抜いて従われ、世の働きに勝利されました。そして、三日目に天に復活されると、父なる神にお願いして、三年半の公生涯の間中、主イエス・キリストの心の中に宿り、主イエス・キリストを守り導き、力の源となっていたみ霊なる神を聖霊として弟子たちの上にお遣わしくださり、弟子たちが勇躍、世界宣教に旅立つことができるようにしてくださいました。

ですから、良き実を結び、収穫したあとでも、父なる神から目を離さず、主イエス・キリストのみ言葉に従って主イエス・キリストと共に生命の道を歩み、「十字架の死と復活までみ跡に従ってまいりますので、私たちの働きを祝し、良き実を続けて得ることができるようにしてください」と祈らねばなりません。罪と世とサタンの働きは強大で、人の力では抗することができません。継続して良き実を得るためには、み言葉の導きと聖霊なる神の働きにより、からくもみこころをなしつつ、それを達成することができるのです。

私たちの日ごとの糧をきょうもお与えください。

天の父なる神がお与えくださる糧は、日々のみ言葉と、み言葉と共に働くみ霊なる神、聖霊の働きです。生命の道の歩みには二十一の教えがあり、今、キリストの弟子自身が主と共に歩んでいる場所が、生命の道の歩みの中でどこであるかを知ることができれば、その場所での導きの言葉に従い、神に祈ります。その場所のみ言葉の導きと共に、神の力と助けが豊かに働き、心に平安と喜びが与えられ、決して渇きを覚えることはありません。み言葉の導きは日々の糧です。

また、生ける神、主を信ずる純粋な信仰のあるところに、神の力は豊かに働き、神は時と場所を選ばれ、死人をもよみがえらせる復活の生命を注ぎ、神の力を現してくださいます。このためには、生ける神を信ずる純粋な信仰と、神の時を待つ忍耐が必要です。

さらに、キリストの弟子の働きが良き実を結ぶ時、聖霊の働きが強められ、世の判断基準ではなく、生命の道の判断基準が誤りないことを世に明らかにしてくださいます。キリストの弟子の結んだ良き実が判断基準となり、神に喜ばれる判断基準が与えられるのです。

私たちの負いめをお赦しください。
私たちも、私たちに負いめのある人たちを赦しました。

主と共に生命の道を歩むキリストの弟子が、いくら努力を重ねても良い実を結ばないことが多いのです。その原因は神の目から見ると、キリストの弟子の心の中に、人を赦すことのできない固い心があることです。キリストの弟子自身の心の中に固い心があって、生ける神、主の霊はその固い心の中に入っていけないのです。神はそのことを気づかせ、悔い改めさせようとされているのです。このような時は、どうしても赦せないと思っていた人を、神のみこころのゆえに赦すことです。

生ける神、主は、キリストの弟子が主イエス・キリストの十字架の贖いを信ずる信仰によって、その罪を赦し、神の子の群れに入れてくださいました。キリストの弟子自身が主イエス・キリストの十字架上の贖いによる死を信ずることにより、自分自身の罪を赦されているのですから、キリストの弟子も隣人の罪を赦すべきです。どうしても赦せないと思っていた人を赦す柔らかい心を喜んでくださる神は、その柔らかい心の中にみ霊を注ぎ込んでくださり、良い道を開き、良い実を結ばせてくださるのです。

キリストの弟子がリーダーである人の組織体が良い実を結べないのは、その組織体の中にある罪が起因しているのです。しかし、その人の組織体の罪を取り除く代わりに、キリストの弟子がどうしても赦すことのできなかった人を赦す時、生ける神、主は、キリストの弟子が人を赦す柔らかな心を喜び、その人の組織体の罪を取り除いてくださり、神の霊を注ぎ込んでくださり、良き実を結ばせてくださるのです。

私たちを試みに会わせないで、悪からお救いください。

良き実を結び、収穫をしたあとにも、試みがやって来ます。この試みに打ち勝つためには、火のような試練にも耐える真理の言葉を固く握りしめ、神の力と助けをいただく以外にありません。

神は、エデンの園にあるいのちの木の実を守るため、ケルビムと輪を描いて回る炎の剣を置かれました。永遠のいのちを得るためには、ケルビムの前を通ることのできる心の潔さと、炎の剣の中をくぐり抜ける、火の中にも耐え得る、生ける神、主の前にある真理（truth）の言葉を信じ抜く信仰心がなくてはなりません。

主イエス・キリストは、すでにこの炎の剣の試練をくぐり抜け、勝利を得られました。主イエス・キリストと共にあれば、炎の剣も恐ろしくありません。主イエス・キリストを信ずる信仰心をしっかり持って、永遠の真理である主イエス・

キリストの生命の道の教えの言葉を固く握って離さず、主と共に炎の剣も恐れず前進いたしましょう。

国と力と栄えは、とこしえにあなたのものだからです。

「私たちキリストの弟子を中心とした人の組織体の働きをみこころにかなうものとして良き実を与え、また良き実を結ぶ力を豊かに注ぎ、私たちキリストの弟子がリーダーである人の組織体の働きを光り輝くものとしてくださるのは、天の父なる神、あなたです」と祈り、すべての良きことの根源となる力は、生ける神、主から出ていることを証詞し、栄光を神に帰さなければなりません。その時、生ける神、主は、キリストの弟子がリーダーである人の組織体全体を祝し、良き実を結ぶ働きを継続して祝してくださいます。

このような主の祈りの一つ一つと、私たちキリスト者の祈りを比較すると、大きな違いを見出します。主の祈りは、主イエス・キリストが弟子たちにこう祈りなさいと言って教えられた祈りです。主の祈りに合致する祈りは、神にまで届く祈りであるだけでなく、神の恵みと祝福が豊かに注がれる祈りです。主と共に歩むキリストの弟子の祈りが、主の祈りと合致する祈りとなるよう、天の父なる神は待っておられるのです。祈りが神にまで届いていないと思われる時、キリストの弟子自身が直面している課題を見直し、主の祈りのどこの祈りが一番大切で必要な祈りで、現状のキリストの弟子が直面している祈りに合致しているかを求め、そこに祈りを集中する時、新しい道が開かれてくるのです。

主の祈りの中心部分は、人の罪を赦すことです。人の罪を赦すことのできない固い心の中に、神の霊は入っていくことができません。人の罪を赦す柔らかい心は、神に喜ばれる心で、神はその人の心の中の罪を取り除いてくださるだけでなく、神の霊を豊かに注ぎ、その心を祝福で満たし、生命の道を前進させてくださるのです。

生命の道の歩み・第一ステージ
「種蒔きの歩み」　第三の門

6「柔和な者は幸いです」

主イエス・キリストと共に生命の道を歩むキリストの弟子の種蒔きの歩みの第三の門の中央には、「柔和な者は幸いです」と刻まれています。神より与えられるみ言葉と使命をみ言葉の種として、神より与えられている人々の心の中に種蒔きし、種蒔きの時は人前で行わないように注意し、また祈りの時にも人に知られないように隠れた祈りを重ね、ようやく蒔いた種が芽を出し、成長して実を結びました。主と共に歩むキリストの弟子は、ようやくみ言葉の種蒔きから芽生えを得、生命の道の歩みに手応えを得て、柔和な者となっていきます。み言葉と使命の種蒔きにあたって、祈り求めの結果、神の力と助けをいただき、いろいろ知恵と知識を積み重ね、手応えのある働きを開始したのです。

さて、種蒔きの歩みの第三の門の左右には、「わたしが来たのは律法や預言者を廃棄するためだと思ってはなりません。廃棄するためにではなく、成就するために来たのです」、「兄弟に向かって腹を立てたり、『能なし』とか『ばか者』などと言ってはなりません」とのみ言葉が刻まれています。それぞれの主イエス・キリストの教えを、聖書に従い全文を記します。

マタイの福音書五章五節

柔和な者は幸いです。その人たちは地を受け継ぐから。

マタイの福音書五章一七―二〇節

わたしが来たのは律法や預言者を廃棄するためだと思ってはなりません。廃棄するためにではなく、成就するために来たのです。まことに、あなたがたに告げます。天地が滅びうせない限り、律法の中の一点一画でも決してすたれることはありません。全部が成就されます。だから、戒めのうち最も小さいものの一つでも、これを破ったり、また破るように人に教えたりする者は、天の御国で、最も小さい者と呼ばれます。しかし、それを守り、また守るように教える者は、天の御国で、偉大な者と呼ばれます。まことに、あなたがたに告げます。もしあなたがたの義が、律法学者やパリサイ人の義にまさるものでないなら、あなたがたは決して天の御国に、入れません。

マタイの福音書五章二一―二六節

昔の人々に、『人を殺してはならない。人を殺す者はさばきを受けなければならない』と言われたのを、あなたがたは聞いています。しかし、わたしはあなたがたに言います。兄弟に向かって腹を立てる者は、だれでもさばきを受けなければなりません。兄弟に向かって『能なし』と言うような者は、最高議会に引き渡されます。また、『ばか者』と言うような者は燃えるゲヘナに投げ込まれます。だから、祭壇の上に供え物をささげようとしているとき、もし兄弟に恨まれていることをそこで思い出したなら、供え物はそこに、祭壇の前に置いたままにして、出て行って、まずあなたの兄弟と仲直りをしなさい。それから、来て、その供え物をささげなさい。あなたを告訴する者とは、あなたが彼といっしょに途中にある間に早く仲良くなりなさい。そうでないと、告訴する者は、あなたを裁判官に引き渡し、裁判官は下役に引き渡して、あなたはついに牢に入れられることになります。まことに、あなたに告げます。あなたは最後の一コドラントを支払うまでは、そこから出ては来られません。

主イエス・キリストと共に歩む生命の道の種蒔きの歩みの第三の門の中央には、「柔和な者は幸いです」というみ言葉が刻まれています。このみ言葉が第三の門の中央に刻まれているその理由からまず学んでまいりましょう。

主イエス・キリストと共に生命の道を歩むキリストの弟子は、生命の道の入り口で「心の貧しい者は幸いです」というみ言葉に導かれ、聖なるもの、真珠のように尊いものとして、生ける神、主よりみ言葉と使命を権威と力と共に授かりました。生命の道の種蒔きの歩みの第二の門に来て、「悲しむ者は幸いです」というみ言葉に導かれ、人前でみ言葉と使命の種蒔きをするのではなく、隠れたところで、神より与えられた人の心の中にみ言葉と使命の種蒔きを行い、また人前で祈るのではなく、人前を避け、隠れたところで祈り求め続けました。

このような、主イエス・キリストと共に歩むキリストの弟子の種蒔きの歩みを喜ばれる生ける神、主が、み言葉と使命の種蒔きを祝福し、神の力と助けを注がれた結果、蒔かれたみ言葉と使命の種は芽生え、成長して実を結び、首尾よく収穫できて、主イエス・キリストと共に歩むキリストの弟子は、生命の道の歩みのみ言葉と使命の種蒔きの働きに手応えのある結果を得て、少しずつ自信を持つことができるようになり、柔和な者となってきたのです。この時、生命の道の種蒔きの歩みの第三の門が目の前に現れ、「柔和な者は幸いです」というみ言葉が門の中央に刻まれていますが、このみ言葉はキリストの弟子の心にぴったりの導きの言葉でした。

キリストの弟子が第三の門の右の門柱を見ると、「わたしが来たのは律法や預言者を廃棄するためだと思ってはなりません。廃棄するためにではなく、成就するために来たのです」というみ言葉が刻まれています。このみ言葉は、主と共に歩む生命の道の種蒔きの歩みで「柔和な者」となり、やや自信が出てきたキリストの弟子を導く大切なみ言葉なのです。

主イエス・キリストの教え、山上の垂訓の中に隠されている生命の道の教えに従って種蒔きの歩みを始め、第一の門と第二の門をくぐり抜け、生命の道の種蒔きの歩みで手応えのある結果を得て、やや自信を持ち始めたキリストの弟子に、主イエス・キリストは、生命の道の教えは、「律法や預言者」、すなわち神の言葉「十戒」と旧約聖書の律法、そして、神に仕えて神のみこころに従い、神の立場から、イスラエルの民の荒野の四十年の旅と、乳と蜜の流れる約束の地カナンでの神に喜ばれる国の建設を指導した預言者の働きを廃棄するものではなく、それを成就して歩む教えであると教えられるのです。

「律法や預言者」という言葉は非常に難しい内容を含んでいますが、「律法や預言者」とは英語の聖書では「the Law or the Prophets」と記されています。「あの律法やあの預言者たち」と訳すことができます。「あの律法」とは、天地創造の神、生ける神、主が、イスラエルの民の荒野の四十年の旅路の中で、神の山シナイにおいてイスラエルの民にお与えになった神の言葉「十戒」のことであり、また、イスラエルの民が神の言葉「十戒」を実践、実行するために、生ける神、主が預言者モーセを通してイスラエルの民にお与えになった旧約聖書の律法のことであり、旧約聖書の律法は神の言葉「十戒」の実践細則なのです。

「あの預言者たち」とは、預言者モーセ、預言者エリヤを代表者とする旧約聖書の預言者たちのことです。旧約聖書の預言者たちは、神よりみ言葉と使命を授かり、神の権威と力をいただいて、常に神の立場に立って神のみこころをイスラエルの民に伝えるとともに、神の立場に立って彼らを指導したイスラエルの民の指導者たちのことです。預言者たちは常に神の霊に満たされ、一時として神から離れることなく神に仕え、神から遣わされた者として神のみこころをイスラエルの民に伝え、イスラエルの民を指導した指導者たちなのです。

しかし、神に属するものと人に属するものとは相容れることはなく、約束の地カナンに安住するようになると、イスラエルの民は、民の指導者として預言者ではなく王を立てていただきたいと願いました。イスラエルの民に苦しみや悲しみがあり、神に叫び声を上げる時、その求める声に応じて生ける神、主は預言者を通して働かれますが、イスラエルの民がカナンの地で安住し、苦しみや悲しみの時が去り、神に叫び求めることをしなくなると、生ける神、主も預言者も働きの根拠を失い、神の働きが弱まるのです。

民の上に王を立て、イスラエルの民の指導者としていただきたいとの願いを、生ける神、主は聞き入れられました。神の立場からイスラエルの民を指導する預言者たちは、日常生活ではイスラエルの民と過ごすことはせず、別個の預言者集団をつくって生活していたので、預言者たちはイスラエルの民の指導者として身近な存在ではなく物足りないので、日常生活でいつも共にいて指導し統括する王をイスラエルの民の上に立てていただきたいと、イスラエルの民は預言者サムエルを通して生ける神、主に願い求めたのです。

神はサウルを選ばれ、預言者サムエルを通して油を注ぎ、イスラエルの王といたしました。サウル王、ダビデ王、ソロモン王と続き、イスラエルの民はダビデ王、ソロモン王の時に絶頂期を迎えます。しかし、サウル王もダビデ王もソロモン王も、神の前に完全であるということはなく、人であるがゆえに神の言葉に背く罪を犯し、神の前に悔い改めねばならない存在でした。

さらに、ソロモン王の息子レハブアム王の時、重税を課したことにイスラエルの民は反発し、イスラエルの国は北イスラエル王国と南ユダ王国に二分されてしまいました。そして、北イスラエル王国では、金の子牛二つをつくり、それを礼拝するようになり、偶像礼拝が始まってしまいました。神の言葉「十戒」と旧約聖書の律法を守るためには、イスラエルの成人男子は年に三度、神の前に出なくてはなりません。ソロモン王が建設した生ける神、主の神殿のあるエルサレムは南ユダ王国にあったのですが、北イスラエル王国の民をエルサレムに上らせることができず、金の子牛を拝む偶像礼拝が北イスラエル王国で始まったのです。また、この偶像礼拝は、王家の婚姻によって南ユダ王国にまで及んできてしまいました。

預言者エリヤは北イスラエル王国の偶像礼拝に対し、神の力をもって立ち上がった預言者です。しかし、北イスラエルの王は預言者エリヤを迫害し、偶像礼拝から離れることはありませんでした。

このイスラエルの民の偶像礼拝の罪のゆえに、バビロン捕虜がありました。七十年のバビロン捕虜のあと、約束の地カナンに帰還したイスラエルの民は、エルサレムの神殿を建て直し、新しい出発をいたします。このイスラエルの民の新しい歩みの指導者は王ではなく、律法学者とパリサイ人たちでした。律法学者は、神の言葉「十戒」と旧約聖書の学びと研究に励み、イスラエルの民を教えました。また、パリサイ人たちは、律法学者の教える神の言葉「十戒」と旧約聖書の律法の実践、実行に熱心に取り組んだ人たちです。しかし、律法学者による神の言葉「十戒」と旧約聖書の律法の学びと研究も、パリサイ人によるその実践、実行も、この世の人の限度を超えるものではなく、この世の人の求めに合致する解釈を求め、この世の人の求めに合致する神の言葉「十戒」と旧約聖書の律法の実践、実行となってしまい、天地創造の神、生ける神、主が求め、神のみこころにかなう神の言葉「十戒」と旧約聖書の律法とは全くかけ離れたものとなってしまいました。

このような状態を見た生ける神、主は、神のひとり子である主イエス・キリストに、神のみこころにかなう歩みをしつつ、神の言葉「十戒」と旧約聖書の律法を成就して一歩一歩歩む生命の道の教えの言葉の体系、山上の垂訓を委ね託して世に遣わされました。主イエス・キリストは三十歳になった時、バプテスマのヨハネから洗礼を受け、み霊が天からご自身の上に下るのをご覧になり、み霊に導かれて荒野に行き、四十日四十夜の断食のあと、悪魔の三つの試練に勝利されて公生涯を始められました。「天の御国が近づいた」と言って公生涯を始められた主イエス・キリストは、弟子たちを選ばれ、彼らに生命の道の教え、山上の垂訓を教え諭すとともに、弟子の先頭に立って、ご自身の教えである生命の道を歩まれ、生命の道の教えの言葉一つ一つと共に神の力と助けがあり、良き実を結ぶ働きが可能となり、神の恵みと力が実現することを実証されました。また、生命の道の歩みの最後に待っている十字架の死と復活に際しても、天の父なる神を信じ抜いて前進され、三日の間、冥府におられましたが、三日目に復活され、天に昇り、神の右の座に着座されました。そして、父なる神にお願いして、三年半の公生涯において主イエス・キリストの心の中に宿って守り導き、あらゆる奇蹟の業の根源の力となってくださったみ霊なる神を聖霊として弟子たちの上にお遣わしくださるよう願われました。父なる神、生ける神、主は、主イエス・キリストの願いを喜んで受け入れてくださり、ペンテコステの日に聖霊が大音響とともに、分かれた炎の舌のようなものとなって弟子たちの上にとどまり、弟子たちは聖霊に満たされて世界宣教を開始したのです。

神のみこころにかなう神の言葉「十戒」と旧約聖書の律法の実践、実行は、主イエス・キリストの山上の垂訓に隠された生命の道の教えの言葉の体系によって初めて可能なものとなるのです。主イエス・キリストと共に生命の道を歩むキリストの弟子は、生命の道の種蒔きの歩みの第一の門と第二の門をくぐり抜け、柔和な者となってまいりました。しかし、主イエス・キリストはキリストの弟子に対し、山上の垂訓に隠された生命の道の教えの言葉の体系と、神の言葉「十戒」と旧約聖書の律法との関係は相反するものではなく、一体となったものであることをしっかり理解しなさいと教えられたのです。主イエス・キリストの教え、山上の垂訓の中に隠された生命の道の教えは、神の言葉「十戒」と旧約聖書の律法と対立する教えではなく、一体となった教えであり、神の言葉「十戒」と旧約聖書の律法は、天地が滅び失せない限り、その一点一画でも決して廃れることはなく、全部成就するものであり、神の言葉「十戒」と旧約聖書の律法が基盤であり柱となっており、その基盤と柱の上に築き上げられた建物が、主イエス・キリストの教え、山上の垂訓に隠されている生命の道の教えの言葉の体系であって、その基盤や柱を否定したり無視したりするならば、生命の道の教えそのものが崩れ去ってしまうような教えであると教えられたのです。

主イエス・キリストは、「天地が滅びうせない限り、律法の中の一点一画でも決してすたれることはありません。全部が成就されます」と教えられたあと、「戒めのうち最も小さいものの一つでも、これを破ったり、また破るように人に教えたりする者は、天の御国で、最も小さい者と呼ばれます。しかし、それを守り、また守るように教える者は、天の御国で、偉大な者と呼ばれます」と教えられました。

戒めとは、神の言葉「十戒」と旧約聖書の律法のことです。イスラエルの民は、主イエス・キリストがお生まれになるまでの千数百年の間、モーセを通してイスラエルの民に与えられた神の言葉「十戒」と旧約聖書の律法の実践、実行に挑戦しましたが、結果として神の力と助けなしには不可能であることを実証してしまう以外にできなかったのです。イスラエルの民の指導者であった預言者たちは、常に神を見て神から離れず、神の霊に燃えてイスラエルの民を指導しましたが、イスラエルの民は預言者たちに代えて王を求めました。イスラエルの王たちは、神の言葉「十戒」と旧約聖書の律法を重んじて繁栄の時を持ちましたが、それも長くは続かず、人間としての限界のゆえにイスラエルの国の中に偶像礼拝が始まり、それを取り除くことができず、ついにバビロン捕虜となってしまいました。

バビロン捕虜から帰還したあと、イスラエルの民の指導者は律法学者とパリサイ人でした。律法学者は、神の言葉「十戒」と旧約聖書の律法を熱心に学び研究し、イスラエルの民に教えました。またパリサイ人は、律法学者が教える神の言葉「十戒」と旧約聖書の律法の教えを実践、実行するのに熱心な人々でした。しかし、律法学者による神の言葉「十戒」と旧約聖書の学びと研究と教え、またパリサイ人によるその教えの実践、実行は、神に属するものとは相容れることのない人間的なものであり、神のみこころの実践、実行とは全くかけ離れた、神の言葉「十戒」と旧約聖書の律法の教えとその実践、実行となってしまったのです。律法学者の教えとパリサイ人の実践、実行は、神の言葉「十戒」と旧約聖書の律法の小さな部分を少しずつ割り引いて、人が実践、実行しやすいものとなってしまったのです。主イエス・キリストの教え、山上の垂訓に隠された生命の道の教えの言葉の体系は、神の力と助けをいただいて、神の言葉「十戒」と旧約聖書の律法を実践、実行するもので、そこには何一つ割り引きはなく、神の力と助けによって神の言葉「十戒」と旧約聖書の律法を完全に実践、実行する教えなのです。

さて、生命の道の種蒔きの歩みの第三の門の左側の門柱には、「兄弟に向かって腹を立てたり、『能なし』とか『ばか者』などと言ってはなりません」というみ言葉が刻まれています。第三の門の中央には「柔和な者は幸いです」というみ言葉が刻まれておりますが、柔和な者とは、腹を立てたり、「能なし」とか「ばか者」とは言わない人のことですから、この二つのみ言葉の関連は明らかです。しかしここで、この二つのみ言葉の背後にある主イエス・キリストの教えの真意についてよく考えてみましょう。主イエス・キリストと共に生命の道の種蒔きの歩みで第三の門までやって来たキリストの弟子は、主イエス・キリストの教え、山上の垂訓の中に隠された生命の道の教えの言葉の体系と、神の言葉「十戒」と旧約聖書の律法との関係についてよく理解することができ、心の中で得心いたしました。生命の道の教えの言葉の体系は、神の言葉「十戒」と旧約聖書の律法と合致しており、神の言葉「十戒」と旧約聖書の律法の上に、主イエス・キリストの教え、山上の垂訓に隠された生命の道の教えの言葉の体系が建て上げられているのです。

さて、このことを理解したキリストの弟子が、自分の遣わされている人の集団、人の組織体を見ると、自分が到達した判断基準にまで到達しておらず、神の目から見ると問題点だらけの兄弟姉妹を見出すのです。天の父なる神も主イエス・キリストも、人に関しては本当に寛容で、どんな罪を犯した人でも、悔い改めればその罪を赦し、受け入れてくださいます。しかし、主イエス・キリストと共に生命の道を歩むキリストの弟子はこの世の人であるため、罪を犯した兄弟姉妹を見ると、つい感情的になって腹を立てたり、「能なし」とか「ばか者」と言って怒鳴りつけたりしたくなるのです。

どうして、共に生命の道を歩む兄弟姉妹が、神の前に罪を犯すようなことになってしまったのでしょうか。同じ人の集団、人の組織体に属していても、人にはそれぞれ求めの強さ深さに違いがあり、神に関する知識の内容にも違いがあるのです。また、目に見ることのできない神に属する事柄に鈍い人もいるのです。

しかし、同じ人の集団、人の組織体のメンバーである兄弟姉妹に対して腹を立てたり、「能なし」とか「ばか者」と言って非難したり否定したりすることは、神のみこころにかなうことではありません。生命の道の種蒔きの歩みで、み言葉と使命の種蒔きの働きが祝され、み言葉の種から芽生えを得、それを育成結実させ、良き収穫を得て、主イエス・キリストと共に生命の道を歩むキリストの弟子は柔和な者となってきましたが、同じ人の集団、人の組織体のメンバーに対し、ミスや誤りのために感情的になって腹を立てたり、「能なし」とか「ばか者」と言って混乱や不和の種を蒔くことは、天の父なる神のみこころに反する種を蒔き、神の力が十分に働くことのできない種を蒔くことになるのです。

主イエス・キリストは、供え物をしようとして神の前に出ようとした時、兄弟に恨まれていることを思い出したなら、まず行って、その兄弟と仲直りしなさい、そして、そのあとに神に供え物をしなさいと教えられました。神の前に出ようとした時、兄弟に恨まれていることを思い出すことは、神がそのことをキリストの弟子に思い出させ、解決するように示してくださっていると考えなさい、ということであるのです。また、告訴してまでも訴えることがある兄弟がいるということは、明らかな弱点がキリストの弟子にあるということです。同じ人の集団、同じ人の組織体の兄弟に告訴されるというようなことはよっぽどのことですが、告訴されること自体、キリストの弟子として恥ずかしいことであり、全力を挙げて解決すべきことなのです。

しかし、明らかなミスや誤りを見て腹を立てたり、「能なし」とか「ばか者」

と言ったりしないようにするためには、どのようにしたらよいのでしょうか。私はいつも、主イエス・キリストの三年半の公生涯の歩みと、十字架の死の苦しみを思うことにしております。主イエス・キリストの三年半の公生涯において、主イエス・キリストは何一つご自身を楽しませることはなさいませんでした。病んでいる人を癒され、足の不自由な人の足を伸ばし、生まれつき目の見えない人の目を開き、死人でさえもよみがえらせられて、良き働きを数限りなくなさいました。しかしその報酬は、この世にあっては何一つ受け取られませんでした。かえって生命の道の最後に待っていた十字架の死では、人間として最大の苦しい刑罰を受け、甘んじてその苦しみを耐え抜かれたのです。この主イエス・キリストの苦しみと悲しみを思う時、私たちの体験する苦しみや悲しみは物の数ではありません。

主イエス・キリストが共にいてくださる時、どのようにその苦しみや悲しみを耐え抜いたらよいか教えてくださり、また、その苦しみや悲しみに遭うのは、キリストの弟子が一歩二歩と神に近づく者となるためであるとの希望の光をお与えくださるのです。主イエス・キリストは、天に復活し、天の父なる神のもとに帰られ、天の父なる神から与えられたみ言葉と使命をすべて成就し、「よくやった、わが子よ」と天の父なる神よりお褒めの言葉をいただき、神の右の座に着座される喜びのゆえに、十字架の死の苦しみをも耐え抜かれたのです。

主イエス・キリストと共に生命の道を歩むキリストの弟子も、同じ人の組織体の中にいる兄弟の中にどんなミスや誤りを見出そうと、主イエス・キリストの忍耐とすべての人に対するご愛を思う時、感情に負けることなく、神のみこころにかなう方法でその場を対処する道を見出し、柔和な者として物事を冷静に処置して、良き実を結ぶ神の業を前進させることができるのです。

生命の道の歩み・第二ステージ

「育成結実の歩み」　第一の門

7「義に飢え渇く者は幸いです」

主イエス・キリストと共に生命の道を歩むキリストの弟子は、み言葉と使命の種蒔きの歩みの三つの門をくぐり抜けると、芽生えたみ言葉と使命の種を育成結実させる生命の道の歩みの第二ステージ、育成結実の歩みへと前進していきます。

主イエス・キリストと共に生命の道を歩むキリストの弟子の第二ステージである育成結実の歩みは、人の組織体の整備、人の組織体の充実強化、良き実を結ぶ結実の歩みです。人の組織体の整備、充実強化、結実の歩みでは、主イエス・キリストと共に生命の道を歩むキリストの弟子の前に、育成結実の歩みの第一の門が現れてきます。育成結実の歩みの第一の門の中央には、「義に飢え渇く者は幸いです」というみ言葉が刻まれています。そして、育成結実の歩みの第一の門の左右の門柱には、「情欲をいだいて女を見てはいけません」というみ言葉と、「決して誓ってはいけません。『はい』は『はい』、『いいえ』は『いいえ』とだけ言いなさい」という二つのみ言葉が刻まれています。

生命の道の歩みの第一ステージであるみ言葉と使命の種蒔きの歩みは、生ける神、主より聖なるもの、真珠のように尊いものであるみ言葉と使命を権威と力と共に授かり、神がお与えくださる人々の心の中にみ言葉と使命の種蒔きを行う、天から地に向かった働きをする下向きの働きでしたが、芽生えたみ言葉と使命の種を育成結実する生命の道の第二ステージの歩みは、神の力と助けを求め、地から天に向かって祈り求め、神に近づかんとする上向きの働きとなります。
生命の道の第二ステージ、育成結実の歩みの第一の門に刻まれている三つのみ言葉を聖書に従って全文記します。

マタイの福音書五章六節

義に飢え渇く者は幸いです。その人たちは満ち足りるから。

マタイの福音書五章二七—三二節

『姦淫してはならない』と言われたのを、あなたがたは聞いています。しかし、わたしはあなたがたに言います。だれでも情欲をいだいて女を見る者は、すでに心の中で姦淫を犯したのです。もし、右の目が、あなたをつまずかせるなら、えぐり出して、捨ててしまいなさい。からだの一部を失っても、からだ全体ゲヘナに投げ込まれるよりは、よいからです。もし、右の手があなたをつまずかせるなら、切って、捨ててしまいなさい。からだの一部を失っても、からだ全体ゲヘナに落ちるよりは、よいからです。また『だれでも、妻を離別する者は、妻に離婚状を与えよ』と言われています。しかし、わたしはあなたがたに言います。だれであっても、不貞以外の理由で妻を離別する者は、妻に姦淫を犯させるのです。また、だれでも、離別された女と結婚すれば、姦淫を犯すのです。

マタイの福音書五章三三――三七節

さらにまた、昔の人々に、『偽りの誓いを立ててはならない。あなたの誓ったことを主に果たせ』と言われていたのを、あなたがたは聞いています。しかし、わたしはあなたがたに言います。決して誓ってはいけません。すなわち、天をさして誓ってはいけません。そこは神の御座だからです。地をさして誓ってもいけません。そこは神の足台だからです。エルサレムをさして誓ってもいけません。そこは偉大な王の都だからです。あなたの頭をさして誓ってもいけません。あなたは、一本の髪の毛すら、白くも黒くもできないからです。だから、あなたがたは、『はい』は『はい』、『いいえ』は『いいえ』とだけ言いなさい。それ以上のことは悪いことです。

主イエス・キリストと共に生命の道を歩むキリストの弟子は、み言葉と使命の育成結実の歩み、生命の道の歩みの第二ステージにやって来ました。生命の道の歩みの育成結実の歩みの第一の門の中央には、「義に飢え渇く者は幸いです」というみ言葉が刻まれています。英語の聖書では、「Blessed are those who hunger and thirst for righteousness, For they shall be filled」と記されています。主イエス・キリストと共に生命の道を歩むキリストの弟子の歩みは、み言葉と使命の種の育成結実の段階に入り、人の組織体の整備、充実強化、さらには働きの結実を期して努力する時となってきました。

主イエス・キリストと共に生命の道を歩むキリストの弟子が、飢え渇くように求める義とは何でしょうか。義とは righteousness という言葉です。直訳すれば、正しいと思われること、正しいように思われること、という意味です。主イエス・キリストと共に生命の道を歩むキリストの弟子は、生命の道の入り口で神に祈り求め、神より与えられる聖なるもの、真珠のように尊いものである、この世で実践、実行すべきみ言葉と使命を、神の権威と力と共に授かったのです。義とは、神より授かったみ言葉の使命の実践、実行に励み、良き実を結び、栄光を主に帰すことです。義とは、義なる神がお喜びくださることを実践、実行、実証して、栄光を神に帰すことであると示されています。

主イエス・キリストと共に生命の道を歩むキリストの弟子は、み言葉と使命の種蒔きの歩みで、神より与えられた人々の心の中にみ言葉と使命の種蒔きをしますが、それは人前で行うものではなく、隠れた種蒔きであり、その祈りは人前で行うのではなく、隠れた祈りの積み重ねでした。キリストの弟子の祈りの積み重ねにより、蒔かれたみ言葉と使命の種から芽が生え、育成結実して収穫できるようになり、総合管理を通して新しい種蒔きをするようになりました。

こうして種蒔きの歩みに習熟したキリストの弟子は柔和な者となりましたが、

キリストの弟子が遣わされた人の集団、人の組織体の中にはさまざまな人たちがおり、主イエス・キリストと共に歩むキリストの弟子の本来の目的であるみ言葉と使命の育成結実が思うようにははかどりません。どうして神の力と助けがあるにもかかわらず、み言葉と使命の育成結実が思うようにははかどらないのか、その原因は何か、どうしたらそれらの問題を解決して育成結実の働きを着実に前進させることができるか、主イエス・キリストと共に生命の道の第二ステージである育成結実の歩みをするキリストの弟子は、飢え渇くように神に祈ります。人の集団、人の組織体の中にはいろいろな人がおり、さまざまな願い求めを持った人々が集まっているのです。神がお与えくださった人々であっても人間なのです。人間的な要因をどのように解決したら、人の集団、人の組織体がみ言葉と使命の実践、実行に集中して努力するようになるのでしょうか。

人の集団、人の組織体の構成員、メンバーには、女性と男性がいます。女性と男性には、神から与えられている賜物に違いがあり、女性は女性としての特性を持っており、男性は男性としての特性を持っています。キリストの弟子の育成結実の歩みの、人の組織体の整備、充実強化、結実の歩みに際して注意しなければならないこととして、主イエス・キリストは、男女関係についての教えと、仕事の仕方についての教えという二つの教えを教えられました。

その最初の教えが、「情欲をいだいて女を見てはいけません」という教えのみ言葉です。人の組織体の構成員は男性と女性しかおりません。人の組織体のリーダーであり責任者であるキリストの弟子が、情欲をもって組織体の一員である女性を見たとしたら、どのようなことが起こるでしょうか。人の組織体のリーダーであり責任者であるキリストの弟子は、神から目を離してはならず、主イエス・キリストのみそばから離れてはならず、み言葉と使命の実践、実行に集中していなければならない存在なのです。そのキリストの弟子が女性を情欲をいだいて見る時、その心はこの世のものに捕らわれ、目はこの世のものを見て神から離れ、主イエス・キリストのおられるところから離れ、与えられたみ言葉と使命の実践、実行からその心が離れてしまいます。

主イエス・キリストは、右の目が罪を犯すなら、えぐり出し捨ててしまいなさい、右の手が罪を犯すなら、切り捨ててしまいなさいと教えられました。男女の関係は、人間としての存在に直接関連しており、極めて強い力をもって人を支配しているのです。女性問題を引き起こした人の組織体の責任者は、その責を全うすることはできないと考えるべきです。この世の中には、女性を使って、キリストの弟子の注意をみ言葉と使命の実践、実行から引き離そうと、罠を仕組む人たちもいるのです。女性が素晴らしいから引きつけられることもありますが、実はキリストの弟子の働きが一段落した心の隙をついてこの世の力が働きかけてくるのです。女性が意図的に男性に近づくのは、何か目的を持っていたり、他の人に動機づけられてそのような振る舞いをするのです。キリストの弟子は十分注意して、情欲をもって女性を見ないように気をつけねばなりません。また、不貞以外の理由で妻と離別してはならないとの教えは、女性を守るものであると同時に、女性を戒めるものでもあります。

ダビデがイスラエルの王となってしばらくして後、戦いは部下に委ねてエルサレムにいた時、宮殿の屋上から水浴びをしているバテ・シェバを見て関係を持ち、やがて彼女は子を宿しました。夫ウリヤが戦場から呼び戻されましたが、彼は家に入ろうとはせず、また戦場に戻りました。体面を整えようとしたダビデの試みは失敗しました。そこでダビデは、ウリヤを戦いの激しいところに送り、彼を戦死させるという別の方法で体面を整えましたが、預言者ナタンが来てダビデの罪をとがめます。そして、預言者ナタンの指摘によってダビデ王は悔い改め、その罪は赦されましたが、このことがきっかけでダビデの家に罪が入り込み、ダビデ王の息子アブシャロムがダビデ王に反旗を翻すまでになってしまいます。戦いでアブシャロムが死に、ダビデ王はエルサレムに戻りますが、ダビデ王はもう女性を知ろうとはしませんでした。罪の償いはそれぞれ自分持ちで、罪が赦されても、光を求めて努力しなければならない歩みがあるのです。

人の心の隙をつくと言うか、思いもかけない時に思いもかけない事柄が起こるのが男女の問題です。主イエス・キリストと共に生命の道を歩むキリストの弟子は、生命の道の歩みの育成結実の歩みにあって、み言葉と使命の実践、実行に集中し、神から目を離さず、主イエス・キリストのみそばから離れないよう、十二分に気をつけねばなりません。また、「情欲をいだいて女を見てはいけません」という教えは、女性が人の組織体の中で良き働きをするためには必要不可欠な教えなのです。み言葉と使命の実践、実行に集中している時、組織体のメンバーに男女の差はなく、ともども良き実を結ぶために努力する同志となるのです。

生命の道の育成結実の歩みの第一の門の左側の門柱には、「決して誓ってはいけません。『はい』は『はい』、『いいえ』は『いいえ』とだけ言いなさい」とのみ言葉が刻まれています。門の中央に刻まれている「義に飢え渇く者は幸いです」というみ言葉との関連を学びます。

生命の道の育成結実の歩み、すなわち人の組織体の整備、育成強化、仕事の結実の歩みにあっては、男女関係に起因する問題もありますが、仕事の仕方に起因する問題も発生します。人の組織体の中で仕事の仕方に起因する問題とは、生命の道の歩みにあって努力して得た実の所属の問題が多いのです。自分自身は良き種蒔きをしていないにもかかわらず、良き実を結んでいる隣人のみ言葉と使命の実践、実行による働きの実を、権威と力に物を言わせて取り上げてしまおうということが起こるのです。そのような時には、その隣人を脅し、力ずくで持っている良き実を取り上げようとしたり、策略を巡らして罠を仕掛け、穴に落とし込んで、「助けてやるから、持っている良きものを渡せ」と迫ります。「決して誓ってはいけません」とは、このような時の導きの言葉です。私は聖書の中でこの「決して誓ってはいけません」というみ言葉に励まされて、いくつもの窮地を脱してきました。

ヤマザキパンの武蔵野工場火災の前、飯島藤十郎社主の社内復帰に関して、飯島一郎前社長が反対し、この対立が発端となって社内に混乱と争いが起こりました。飯島藤十郎社主は外部の友人を会長に迎え、社主サイドの力としようといたしました。しかし、その友人が飯島一郎前社長サイドについてしまい、窮地に追い込まれてしまいました。私は飯島藤十郎社主サイドにおりましたが、その社主の友人を社内に迎える時、「それ以外に方法はないのではないか」と社主に申し上げたこともあり、強く責任を感じていました。

社内に迎えるだけでなく、代表権のある会長に就任していただいた社主の友人が、社主サイドで努力してくださるのではなく、対立している前社長サイドについてしまっては、何ともやりようがありません。事業経営上で窮地に追い込まれた飯島藤十郎社主夫妻と私の三人は、東京国際朝禱会を通して森豊吉牧師の単立渋谷教会に通うようになり、また、癒しの賜物を求めて山根可弌牧師の池の上キリスト教会に通うようになりました。そして、一九七三年（昭和四八年）七月一五日、飯島藤十郎社主夫妻と私の三人は、山根可弌牧師によって受洗の恵みに加えていただきました。この受洗から数えて十一日目の朝、ヤマザキパンの最有力工場である武蔵野工場が、生産設備を全焼する火災に遭遇しました。

火災の翌日、飯島藤十郎社主は社主夫人と私を連れて池の上キリスト教会を訪れ、山根可弌牧師に祈っていただくとともに、社主も祈りました。「この火災は、ヤマザキがあまりにも事業本位に仕事を進めてきたことに対する神の戒めです。これからのヤマザキは、神のみこころにかなう会社に生まれ変わります」。この社主の祈りに、社主夫人も私も祈りを合わせ、それまでどうしても実現できなかった、社主、社主夫人、私の三人の心の一致が神の力と助けによって実現し、ヤマザキは新しい出発をいたしました。この武蔵野工場の火災と社主の悔い改めの祈りが転機となり、社主夫妻を中心とする人たちが力を盛り返し、これが目に見えない新しいヤマザキのスタートとなり、さらに一九七九年（昭和五四年）三月末のヤマザキパンの新体制の発足に至り、社主の意を体したヤマザキパンの経営陣が発足し、私が社長に就任いたしました。

人が罠に陥る時、その罠に落ち込んでしまって初めてそのことに気づくのです。そして、口の言葉で約束し、具体的に物事を実践、実行してしまったあとで気づいても、その時にはいかんともしがたい状況となっているのです。しかし、どんなに厳しく苦しい状況の中にあっても、あきらめてはいけません。口の言葉によって捕らえられたのですから、口の言葉によってしつこくせがみ、全身全霊を挙げて脱出を図らねばなりません。ヤマザキパンは一九七九年（昭和五四年）三月末の新体制の発足によって、自主独立の経営体制を復活させましたが、それからの歩みも一歩一歩、神に祈り求め、神に導かれる歩みによって前進してまいりました。武蔵野工場の火災による悔い改めに至るつらい経験がありましたので、「決して誓ってはいけません」といううみ言葉に導かれ、口の言葉によって捕らえられないよう細心の注意を払ってヤマザキパンの経営にあたってまいりました。

誓うとは、神の前で「絶対に実践、実行します」と約束することです。しかし人には、「絶対に実践、実行します」と約束することのできる力を与えられておりません。ある物事をする時、仕事の種が必要ですが、その仕事の種の中に生命の力が宿っているかどうかは、その仕事の種蒔きをしてみないとわかりません。

たとえ、その仕事の種から首尾よく芽が生えてきても、それが成長して花を咲かせ、実を結ぶためには、神の力が豊かにその仕事に注がれなければならないのです。人のできることはほんのわずかなことだけで、大部分は神の働きによっているのです。このような神の働きが大部分の仕事で、神に誓って「絶対に良き実を結びます」などと約束することは、神の前に不遜な言動であり、神の前に高ぶりとなります。

しかし、隣人の持っているものを取り上げて自分のものとしようとする人たちは、口の言葉で約束させようといたします。口の言葉で約束させられた時、人は大きなトラブルに落ち込みます。「お前は口で約束したのだから、約束どおりに実践、実行せよ」と迫られた時、逃げるすべがありません。箴言六章一―五節は、口の言葉によって誓約をし、口の言葉によって捕らえられた時の身の処し方について教えています。そのような時は、「行って、伏して隣人にしつこくせがむがよい。あなたの目を眠らせず、あなたのまぶたをまどろませず、かもしかが狩人の手からのがれるように、鳥が鳥を取る者の手からのがれるように自分を救い出せ」と教えます。このような窮地に陥らないためには、決して誓ってはいけないのです。自分には、「絶対に実践、実行します」と言って誓う力などないということを心の底から知る時に、口の言葉で誓うことを避けることができ、窮地に追い込まれることを未然に防ぐことができるのです。

主イエス・キリストと共に生命の道を歩むキリストの弟子であっても、この世の人に脅されたり、迫害を受けたりすることは当然のこととして起こります。このような時、主イエス・キリストはキリストの弟子に教えます。実行可能な事柄については「はい」と答え、神のみこころに照らして実行不可能なことであったり、実行してはならないことであれば「いいえ」と答えなさい。それ以上いろいろ説明する必要はなく、それ以上にいろいろな説明をすれば、かえって悪い結果を招くことになるのです。

人の組織体の働きの中で悪いことをたくらむ人に対処する方法を、主イエス・キリストはキリストの弟子に教えましたが、この教えは同時に、人の組織体の中で、霊に燃え、主に仕える人の姿でもあるのです。人の組織体の中で、み言葉と使命の実践、実行に目が開かれ、神の力と助けをいただいて、霊に燃え、主に仕える働き人は、み言葉と使命の実践、実行にのみ集中して努力し、み言葉と使命の実践、実行に合致する事柄に関しては「はい」と言ってその働きに取り組み、み言葉と使命の実践、実行に合致しない事柄に関しては「いいえ」と言って、その働きには取り組みません。霊に燃え、主に仕える人は、「はい」は「はい」、「いいえ」は「いいえ」と言行を明確にして、燃えて、与えられた働きに取り組むのです。

生命の道の歩み・第二ステージ

「育成結実の歩み」　第二の門

8　「あわれみ深い者は幸いです」

主イエス・キリストと共に生命の道を歩むキリストの弟子は、生命の道の第二ステージ、育成結実の歩みの第一の門をくぐり抜け、育成結実の歩みの第二の門にやって来ました。育成結実の歩みの第二の門の中央には、「あわれみ深い者は幸いです」というみ言葉が刻まれております。英語の聖書では「Blessed are the merciful」となっています。merciful という言葉は、生ける神、主の第一の愛のご本性を表す言葉で、人が神に背を向けて歩んできた罪を悔い改めて、神に立ち返るならば、どんな大きな罪であっても赦してくださるという神のご本性を表す言葉で、赦しの恵みとも言うべき言葉です。

人は生ける神、主を知らずに、自分の思いや願いに引きずられて、さまざまな試練や困難の中に突入してしまいます。生ける神、主を知り、主イエス・キリストを信じ受け入れ、主イエス・キリストと共に歩むキリストの弟子であっても、生命の道の歩みの中でさまざまな試練や困難に遭遇いたします。主イエス・キリストと共に生命の道を歩むキリストの弟子の場合、試練や困難に遭遇するのは、キリストの弟子の心に潜む自分中心の思いを潔め、より神に近づく者となるために必要だからであって、共にいてくださる主イエス・キリストが常に守り導き、試練や困難から脱出する道や方法を示してくださるので、試練や困難が致命的なものとはなりません。

しかし、生ける神、主を知らず、主イエス・キリストを信ずることをしない人たちが試練や困難に突入する時、神に救いを助け求めて叫び声を上げる以外にありません。神が助けの手を差し伸べてくださる時、試練や困難から脱出することができますが、そのような試練や困難に陥った原因について神の前に悔い改めねばなりません。生ける神、主に立ち返り、神の前に悔い改める時、生ける神、主は、神に背を向けて歩んできたすべての罪を赦してくださり、み霊の注ぎを与えて生命の力をくださり、試練と困難を克服する力を与えてくださるのです。

これまでの私自身の体験と聖書の記述によると、生ける神、主は、即その場で罪を赦し、生命の力をお注ぎくださり、試練と困難を乗り切る力をお与えくださいますが、神から与えられた生命の力と導きを信じ、その導きを実践、実行して試練と困難を具体的に乗り切るのは、神より罪赦された本人だということです。「罪から来る報酬は死です」とのみ言葉がありますが、神の前に悔い改め、生ける神、主より罪赦されて、み霊の注ぎによって生命の力をいただき、罪と死の力から解放されますが、試練と困難が過ぎ去るわけではなく、一歩一歩、試練と困難の中を神のおられる光を目指して歩む時が始まるのです。その光を目指して歩む一歩一歩の歩みと共に神の力と助けが働き、神にある平安と喜びの中を前進しつつ、暗闇と罪と世とサタン、そして死が支配する世の働きから離れ、神が支配しておられる光の世界、この世に実現するエデンの園を目指して前進していくのです。

merciful、あわれみ深い。すなわち、神に背を向けて歩んでいた者が、悔い改めて神に立ち返るならば、すべての罪を赦し、神の霊をお注ぎくださるという赦しの恵みは、人と神との関係を回復させる第一の絆であって、全世界に住む人に対して神より差し伸べられた救いの手なのです。

神は、知恵の木の実を食べて神の命令に背いたアダムとエバを、エデンの園から追放し、暗闇と罪と世とサタン、そして死が支配する世に住まわせました。暗闇と罪と世とサタン、そして死の支配に耐えかねた人が神に対して叫び声を上げるのを待っておられるのです。神は、人の犯した罪のゆえに、人を暗闇と罪と世とサタン、そして死の支配する世に住まわせましたが、この世の苦しみと悲しみの中で、神の命令に背いてしまった罪を悔い改め、神に立ち返るのを一日千秋の思いで待っていてくださるのです。ですから、どんなに大きな罪を犯した人であろうと、神に立ち返り、悔い改めるならば、いつでも即座にその罪を赦し、神の霊を注いで生命の力に生きる者にしようとしていてくださる神の愛を、merciful、赦しの恵みというのです。

生命の道の歩みの第二ステージ、育成結実の歩みの第二の門の中央には、「あわれみ深い者は幸いです」といううみ言葉が刻まれていますが、その左右の門柱には、「断食するときには、自分の頭に油を塗り、顔を洗いなさい」といううみ言葉と、「自分の宝は、天にたくわえなさい。あなたの宝のあるところに、あなたの心もあるからです」といううみ言葉が刻まれています。聖書に従い、主イエス・キリストの教えを全文記します。

マタイの福音書五章七節

あわれみ深い者は幸いです。その人たちはあわれみを受けるから。

マタイの福音書六章一六―一八節

断食するときには、偽善者たちのようにやつれた顔つきをしてはいけません。彼らは、断食していることが人に見えるようにと、その顔をやつすのです。まことに、あなたがたに告げます。彼らはすでに自分の報いを受け取っているのです。しかし、あなたが断食するときには、自分の頭に油を塗り、顔を洗いなさい。それは、断食していることが、人には見られないで、隠れた所におられるあなたの父に見られるためです。そうすれば、隠れた所で見ておられるあなたの父が報いてくださいます。

マタイの福音書六章一九―二三節

自分の宝を地上にたくわえるのはやめなさい。そこでは虫とさびで、きず物になり、また盗人が穴をあけて盗みます。自分の宝は、天にたくわえなさい。そこでは、虫もさびもつかず、盗人が穴をあけて盗むこともありません。あなたの宝のあるところに、あなたの心もあるからです。からだのあかりは目です。それで、もしあなたの目が健全なら、あなたの全身が明るいが、もし、目が悪ければ、あなたの全身が暗いでしょう。それなら、もしあなたのうちの光が暗ければ、その暗さはどんなでしょう。

まず、育成結実の歩みの第二の門に刻まれた「あわれみ深い者は幸いです」という教えのみ言葉と、第二の門の左側の門柱に刻まれた「断食するときには、自分の頭に油を塗り、顔を洗いなさい」というみ言葉との関連について学びます。

人の組織体の長であるキリストの弟子が、キリストの弟子の属する人の集まり、人の組織体を育成強化し、良き結実にまで導くためには、人の組織体の内部に起因する問題に対処することがまず求められます。人の組織体の中には、男女関係に起因する問題と、仕事の仕方に起因する問題という二種類の問題がありました。

生命の道の第二ステージ、育成結実の第一の門では、「情欲をいだいて女を見てはいけません」との教えのみ言葉に導かれて、み言葉と使命の実践、実行の場では男女の差はなく、それぞれ同じ主にある働き人として、み言葉と使命の実践、実行に集中して働くことを目指し、男女関係に起因する問題を解決し、また、「決して誓ってはいけません。『はい』は『はい』、『いいえ』は『いいえ』とだけ言いなさい」という教えのみ言葉に導かれて、言葉の力で人を縛りつけようとする人の働きを排除し、み言葉と使命の実践、実行に、霊に燃え、主に仕える働き人を生み出し、仕事の仕方に起因する問題を解決してきたのです。

生命の道の第二ステージ、育成結実の歩みの第二の門にやって来ると、人の組織体外からやって来る新たな問題に直面するのです。羊飼いをしていたダビデの場合、自分の牧している羊たちを自分自身のように愛し、日々、羊を牧場に連れ出して食物を与え、水飲み場に連れて行って水を飲ませ、野の獣が襲ってくれば、身体を張って野の獣と戦います。羊を守ることが羊飼いに与えられた使命であり、良い羊飼いの姿なのです。同様に、作物をつくる場合も、日々雑草を取り、水をやって作物の成長を助けると同時に、作物が成長してきたら、野の獣が作物を荒らしに来るのを防いだり、盗人がやって来て作物を盗んでいったりするのを防がねばなりません。また、日照りによる旱魃や台風や水害など、天変地異に遭遇することも避けられないのです。

このような人の組織体外からの不可抗力とも思えるような問題に対処するためには、生ける神、主の力と助けを求めて断食の祈りをしなさいと、主イエス・キリストは教えられます。断食の祈りとは、生ける神、主が、主イエス・キリストと共に生命の道を歩むキリストの弟子に当然のこととしてお与えくださる衣食のうち、食を遠慮して断つことで、「食に代えて、現在直面している外部に起因する問題に対処する知恵と知識を与え、神の恵みを注いでください」と強く祈り求めることです。断食の祈りとは、生ける神、主が、主に従う者に衣食をお与えくださるのは当然のことであることを知った上で、生ける神、主がお与えくださる食を断って、「食をお与えくださる代わりに、神の恵みである神の力と助けを与え、道を開いてください」と強く祈り求めることです。この断食の祈りは、神が人に強く求めている祈り求めの姿であって、生ける神、主を強く信じる信仰の現れなのです。この断食の時も、「人に隠れた断食をしなさい」と主イエス・キリストは教えられました。そのためには、断食の祈りを人に知られないように、断食をする時には頭に油を塗り、顔を洗いなさいと教えられたのです。

通常の祈りでは、試練と困難を乗り切ることはできません。そのような時に強く神に祈り求める祈りとして、断食の祈りがあることを主イエス・キリストは教えられました。食を断つことは、生命を危険にさらすことになるのです。人の体の中から食を求める力が働きます。その人の体の中から起こる食を求める力を、神に祈り求める力に変えて強く神に祈り求めることが、断食の祈りなのです。

断食の祈りは、自己犠牲を惜しまぬ祈りです。生ける神、主は、このような強く祈り求める祈りを待っておられるのです。生ける神、主が、罪と世とサタンが支配する世から人を救わんとして手を差し伸べてくださっているご愛を信じ、通常では行われることのない断食の祈りによって、特別なご配慮にあずかりたいと強く願うことは、人の組織体の長としてのキリストの弟子のあるべき姿なのです。キリストの弟子の断食の祈りが生ける神、主に届く時、主なる神は天より神の力を注ぎ、キリストの弟子の属する人の組織体を祝し、神の恵みと助けを与え、その組織体の外部に起因する問題に対処する力と解決の道を示してくださるのです。

ヤマザキパンの創業者、飯島藤十郎社主は、創業以来十五年を経て、社運を賭して建設し、またヤマザキパンの飛躍的発展の原動力となった武蔵野工場の建設稼働を前にして制定した経営基本方針の前文において、「私はヤマザキパンの創業にあたり、仕事の成立の困難を痛感し、『一切自己の利益を考えませんから何とか仕事を成り立たせていただきたい』との念願から、すべてを捧げてひたすらお客様のご満足をいただき、そのお引き立てにより仕事を続け、中村屋の大旦那の真似事を実現させてもらいたいと祈念いたしました。開店の結果、予想外の繁盛に驚き、なお一層この志をかため、努力させていただいてまいりました」と記しています。この飯島藤十郎社主の創業の精神は、ヤマザキの精神として今も脈々と流れています。この社主の、自分の利益は求めず、事業の成り立つことをのみ願う願いも、継続した断食の祈りということができます。

一九八四年（昭和五九年）末頃、飯島藤十郎社主は手術をし、その後、転院して、伊豆韮山温泉病院に入院しましたが、酸素テントの中で過ごさねばならない状態に陥ってしまいました。私は社主の病気からの回復を祈り求め、一日一食、それも朝食を軽くとるだけにして、四十日間、断食の思いで祈り続けました。

ちょうど四十日の断食の期間が終わった日に、社主は酸素テントから出ることができました。神は私の祈りを聞いてくださったと心から感謝いたしました。会社の中では私の力は弱く、病院におられるにしても社主がおられるのとそうでないのとでは、社長としての私の仕事に全く大きな違いが出ることを強く感じたからでした。

このような切羽詰まった断食の祈りの時について、主イエス・キリストは、「断食するときには、自分の頭に油を塗り、顔を洗いなさい」と教えられます。断食して強く神に祈り求めている姿を人に知られないようにしなさいという教えです。断食してまで神に強く祈り求めるということは、キリストの弟子に弱点があり、そこに神の力を注いでいただきたいという願いがあるからです。このような祈り求め、願い求めの声を聞かれ、その声に耳を傾け、そこに生命の力をお注ぎくださるのは、生ける神、主だけです。この世の人に断食の祈りの姿を見せるのは、良くない結果を生み出すのです。さも断食をしているような姿をし、その姿をやつれさせ、断食をしている姿で人をリードしようとしたりすることは、決して良い結果を生みません。断食こそ、隠れた断食でなければならないのです。

人に向けた祈りは、人が答えてくれる以外にありません。「あの人は大変だ。断食の祈りまでした」と同情の声は上がるかもしれませんが、生ける神、主にその祈りは届くことはなく、生命の力がそこに注がれることもないのです。

次に、生命の道の第二ステージ、育成結実の歩みの第二の門の中央に刻まれている「あわれみ深い者は幸いです」という教えのみ言葉と、第二の門の右側の門柱に刻まれた「自分の宝は、天にたくわえなさい。あなたの宝のあるところに、あなたの心もあるからです」というみ言葉との関連について学びます。

通常、「自分の宝を天にたくわえる」ということは、自分の持っている良きものを貧しい人に与えることを意味します。しかし、主イエス・キリストと共に生命の道を歩むキリストの弟子の第二ステージである育成結実の歩みの第二の門柱にある教えの意味は若干違ってまいります。み言葉と使命の種の育成結実の歩みでは、そのみ言葉と使命の種が芽を出し、花を咲かせましたが、なかなか良い実を結ばない時のための教えです。

キリストの弟子の育成結実の歩みにあって、み言葉と使命の実践、実行である働きの実が結ぶまでには時間が必要です。祈りに祈りを重ね、努力に努力を重ねても、なかなか良い結果を得ることができない時があるからです。断食の祈りは、立ち止まって神の力と助けを祈り求める祈りでしたが、「天に宝をたくわえる」ことは、前向きに具体的に仕事や働きを前進させる祈りと努力の積み重ねです。このように前向きに祈りや努力を積み重ねても良い結果を得ることができない時、主イエス・キリストは、「その祈りと努力は天にたくわえられていると考えなさい」と教えられます。

いくら祈りや努力を積み重ねても、その祈りや努力が良き実を結ばないのは、何か理由があるのです。まず第一に、作物が実を結ぶには時があるように、み言葉と使命の種が芽を出し、花を咲かせ、良き実を結ぶにも時があるのです。早く良き実を得たいと焦る気持ちは、神の時を待つことのできない心を生み出し、神の時が来る前にその働きをあきらめて、やめてしまうことにつながります。「自分の宝は、天にたくわえなさい」という教えのみ言葉は、常に天の父なる神から目を離さず、神のみこころが示されて良き実を結ぶまで時を待つ忍耐力を持ちなさいという教えです。

また、蒔かれたみ言葉と使命の種が良き実を結ばないもう一つの理由に、キリストの弟子の心の中に問題があることがあるのです。キリストの弟子の心の中に、神のみこころに従い切る信仰心にやや欠けるところがあり、この世に対する思いが強くあって、神の霊の働きを妨げていることがあるのです。キリストの弟子の心の状態に問題があり、この世のことばかりに気を配り、生ける神、主を信ずる純粋な信仰に欠けがある時、神はその力を発揮することを妨げられて、良き実を結ぶことが困難になるのです。

いずれの場合であっても、自分の祈った祈り、自分の積み重ねた努力は、天の父なる神のもとに積み重ねられており、決して無駄になることはないと強く信じ、神の時を待つ純粋な信仰を、良き実を結ぶまで持ち続けることが肝要です。また、自分の心の中に悔い改めることを見出した場合には、神の前に悔い改めねばなりません。

私はヤマザキパンの仕事の中で、「一日は千年のようであり、千年は一日のようです」というみ言葉に導かれ、しっかりと仕事を積み重ねる知恵を見出しました。一日が千年であれば、一か月は三万年です。二か月は六万年であり、三か月は九万年です。そんな先のことはわかりません。そんな先のことを心配するより、今日一日の千年をしっかり充実させて仕事に取り組むことが大切です。

一日が千年とすれば、人の一生は長くても百年で、千年という期間は、人が十度生まれ変わることができる期間です。十度生まれ変わったとしても、一度も良い人生がなかったとすれば、何か間違っているのです。神のみこころにかなう働きをすれば、十度生まれ変わるうちで、一度は良い人生があるべきです。

一日が千年とすれば、一日のうちに十の仕事ができます。十の仕事をして、一つも良い仕事ができなかったなら、何か間違っているのです。しかし、一日のうちで何か良い手応えのある仕事が一つできたとすれば、感謝すべきです。自分が行っている働きが間違っていないという証拠になるからです。一日のうちで何か一つでも良い手応えのある仕事ができれば、感謝して寝ることができます。そして、眠りから覚めた新しい一日にも、自分が行っている働きは間違っていないという信念を持って自分の働きに取り組むことができます。

このような一日一日を三十日積み重ねれば一か月、六十日積み重ねれば二か月、九十日積み重ねれば三か月となります。このような一日一日の努力を三か月続けても良い実を結ばず、良い結果を得ることができなかったとすれば、それは神のみこころによるものであって、やむを得ないと覚悟をして仕事に取り組みました。

これを示されたのは二〇〇〇年一一月のことです。それまでヤマザキパンは虫クレーム対策で混乱し、八月、九月、一〇月と三か月連続で赤字が続き、一一月も良い結果が期待できそうにない時でした。しかし、このように心を決めて努力を重ねたところ、一二月、翌年一月としっかり黒字を計上することができました。事業経営にあって、責任者である社長が不安になり、仕事が手につかなくなることが最悪です。責任者が仕事のあり方に自信がなくなると、部下も従業員もみな自信を失い、動揺は一気に拡大していってしまうのです。

一日は千年のごとく、千年は一日のごとく、仕事に集中して努力を傾けることは、自分の努力が良き実を結ぶかどうかを問うのではなく、自分の努力している働きが良い手応えをもって進んでいるかどうかを問うことです。良い手応えのある働きが積み重ねられていれば、神は必ず時を見て良い結果をお与えくださると信じることができて、細かい心のこもった仕事を忍耐強く続けることができるのです。天に宝を積むとは、「主の御前では、一日は千年のようであり、千年は一日のようです」（第二ペテロの手紙三章八節）のみ言葉に導かれ、良き実を結ぶかどうかを問題にするのではなく、良い手応えのある働きを求め、努力に努力を重ね、一日に必ず一つは良い手応えのある働きを実現するようにし、その努力を三十日、六十日、九十日と、熱心に積み重ねる時、生ける神、主は時を見計らって良い実を結ばせてくださると信じ、そのとおりに実践、実行することではないかと思います。二〇〇〇年一一月より、この思いで努力を積み重ねて良い結果を得てまいりましたが、その後も事業経営がピンチに陥った時、一日は千年のごとく、千年は一日のごとくと努力を積み重ねると、必ず良い結果を得る経験をいたしています。

宝とは、人が一番大切にして、しまっておくものです。人の努力の報酬と言うこともできます。人は努力する時、必ず目標を設定し、その目標から目を離さずに努力を続けます。その結果得られたものが宝で、努力の報酬です。

努力の報酬である宝を、この世のものに設定する時、この世のものは移ろいやすく、過ぎ去ってしまいます。この世の宝は、さびや虫によって損なわれ、盗人が来て盗みます。この世のものは有限で、この世のものを得ようと努力する時、有限なものを取り合うこととなり、混乱と争いが待っています。しかし、天に積まれた宝は、この世のものによっては損なわれません。天に積まれる宝である神に属するものを努力の報酬として努力を重ねる時、その努力の報酬は、この世の誰にも手が届かず、争いが起こることもないので、心の平安と喜びが乱されることはありません。そして、神が良い時を見計らって、その働きの良き実を結ばせてくださり、この世のものをそれに添えて与えてくださるのです。

また、心の目は、宝のあるところに注がれます。この世の宝に目を注ぐと、この世は暗闇に支配されており、宝を見続けているうちに不安が生じます。この世の宝は移ろいやすいために、それが失われてしまうのではないかとの不安が生じ、心の中にまで暗闇が忍び込んできます。

天に積まれた宝を見る心の目は、常に平安と喜びに満たされます。天に積まれた宝は、神とのお交わりと祝福の結果であり、神にある喜びと希望が絶えることはありません。人は、天に積まれた宝を見る目を持つか、世に積まれた宝を見るかによって、心の中の明るさが異なり、心の中の平安と喜び、希望が全く異なるのです。天に宝を積む努力とは、良い結果が出るまで忍耐強く努力を積み重ね、神は良き実を必ずお与えくださるという純粋な心を持って待つことであり、神の力は、そのような純粋な信仰があるところに働くのです。

生命の道の歩み・第二ステージ

「育成結実の歩み」　第三の門

9「心のきよい者は幸いです」

主イエス・キリストと共に生命の道を歩むキリストの弟子は、生命の道の歩みの第二ステージ、育成結実の歩みの最後の門、第三の門までやって来ました。生命の道の育成結実の歩みは、人の組織体の充実強化、そして組織体としての機能の発揮の歩みです。育成結実の歩みの第三の門の中央には、「心のきよい者は幸いです」というみ言葉が刻まれています。

生命の道の歩みの第二ステージ、育成結実の歩みの第一の門では、人の組織体の内部に起因する問題に対する主イエス・キリストの教えをいただき、み言葉と使命の実践、実行に集中する人々を生み出し、人の組織体は前向きに動き出しました。育成結実の歩みの第二の門では、人の組織体の外から襲ってくるさまざまな試練と困難に対し、「断食するときには、自分の頭に油を塗り、顔を洗いなさい」と、通常の祈りでは克服することができない試練や困難に対し、断食の祈りをもって神に祈り求めることを教えていただき、また、「自分の宝は、天にたくわえなさい。あなたの宝のあるところに、あなたの心もあるからです」との教えのみ言葉をいただき、良き実を結ぶまで、生ける神、主を信じ抜く純粋な信仰を持ち続ける知恵をいただき、その実践、実行に励んで、そして育成結実の歩みの第三の門にやって来たのです。

生命の道の歩みの第二ステージ、育成結実の歩みでは、良き実を結ぶために、神にある生命の力を豊かにいただかねばなりません。この世に属するものと神に属するものとは相容れることがないため、神にある生命の力が豊かに注がれるためには、キリストの弟子も人の組織体も、神にある生命の力を受け入れることのできるきよい心を持っていなければならないのです。暗闇とは光のない状態を意味するように、神に喜ばれるきよい心とは、神に背を向けて歩む罪の心がない状態を意味し、生ける神、主を信じ受け入れ、従う純粋な信仰に満ち、それを妨げるもののない状態を言うのです。

この世は罪と世とサタンの支配に委ねられています。罪とは、この世の良きものに目を奪われて、神に背を向けて歩み、その思いを具体的に行動に移すことです。世の働きとは、この世の良きものを求める人の心を利用して偶像の神を拝ませ、人を利用して自己の利益を得ようとすることです。サタンの働きとは、「地位、名誉、財産、快楽、すべてをあげるから、神から離れて、この世を取り締まる者、サタンの仲間になれ」と誘い、この世の欲に導かれた行いをこの世の力によって行わせることです。地のちりからつくられた人の中には生命の力がなく、人がこの世の欲に導かれて歩む時、有限のものを奪い合って争いとなり、混乱と争いの果てに死が待っています。

罪と世とサタンの働きから離れ去ることが心のきよい状態であり、罪と世とサタンの支配から脱出した人が心のきよい者ですが、罪と世とサタンからの人に対する働きかけはまことに強く、罪と世とサタンの支配を脱するには相当の力を要し、神の力と助けなしには実現できません。

生命の道の歩みの第二ステージ、育成結実の歩みの第三の門の中央には「心のきよい者は幸いです」というみ言葉が刻まれており、その左右の門柱には「求めなさい。捜しなさい。たたきなさい」という教えのみ言葉と、「何事でも、自分にしてもらいたいことは、ほかの人にもそのようにしなさい。これが律法であり預言者です」という教えのみ言葉が刻まれています。聖書に従い、主イエス・キリストの教えを全文記します。

マタイの福音書五章八節

心のきよい者は幸いです。その人たちは神を見るから。

マタイの福音書七章七―一一節

求めなさい。そうすれば与えられます。捜しなさい。そうすれば見つかります。たたきなさい。そうすれば開かれます。だれであれ、求める者は受け、捜す者は見つけ出し、たたく者には開かれます。あなたがたも、自分の子がパンを下さいと言うときに、だれが石を与えるでしょう。また、子が魚を下さいと言うのに、だれが蛇を与えるでしょう。してみると、あなたがたは、悪い者ではあっても、自分の子どもには良い物を与えることを知っているのです。とすれば、なおのこと、天におられるあなたがたの父が、どうして、求める者たちに良いものを下さらないことがありましょう。

マタイの福音書七章一二節

それで、何事でも、自分にしてもらいたいことは、ほかの人にもそのようにしなさい。これが律法であり預言者です。

まず門の中央に刻まれている「心のきよい者は幸いです。その人たちは神を見るから」というみ言葉と、第三の門の左側に刻まれている「求めなさい。捜しなさい。たたきなさい」という教えのみ言葉との関連を学びます。

心のきよい人とは、その人の心の中に神のみを求める心が支配し、この世の欲に支配されて神に背を向けて歩む罪と世とサタンの働きがない状態を意味します。主イエス・キリストと共に生命の道を歩むキリストの弟子は、主イエス・キリストを信じ受け入れ、主イエス・キリストと共に生命の道を歩んでいるのですが、それでも限界を持った人間です。喜怒哀楽があり、この世の良きものを得たいという願望も当然持っています。このようなことは、生ける神、主も当然ご承知の上で、その働きを通して良き実を結ぶために、キリストの弟子に「心のきよい者になりなさい」と導き、そのためには生ける神、主の力と助けなしにはできないことなので、「神の力と助けを求めなさい、捜しなさい、たたき求めなさい」と教えられるのです。

出エジプト記のモーセの一生を通して、「求め、捜し求め、たたき求める」ことについて学びましょう。モーセはイスラエル人として生まれましたが、エジプトの王妃に育てられ、エジプトの王家の者として成長いたしました。成人して四十歳近くになった頃、自分はイスラエル人であり、エジプト人の圧政下に苦しむ同じイスラエル人を救うことが、自分の神から与えられた使命だと認識するようになりました。モーセが町に出た時、イスラエル人を打っているエジプト人を殺し、これを砂の中に隠しました。また、イスラエル人が争っているのを見て、ふたりの間を仲裁しようとしましたが、そこで「お前は人殺しだ。私も殺そうと言うのか」と逆襲されてしまいます。

エジプトの王、パロは、エジプト人を殺したモーセを捕らえようとして追っ手を差し向け、モーセは荒野に逃げます。人間的な思いでイスラエルの民を救うことを求めたモーセは、かえって逆襲を受け、エジプトには身を置くところがなくなり、荒野に逃げざるを得なくなったのです。人を見たり社会を見たりして問題点を見出し、人間的な方法で求めても、それは罪と世とサタンの支配下にあるので、良い結果を得ることができません。しかし、まず求めることからスタートしなければ、何事も前進しないのです。モーセはミデヤンの荒野に逃げ、羊飼いとなって時を過ごします。

ミデヤンの荒野で四十年間、羊飼いをしていたモーセに対して、生ける神、主は、燃える柴の中からみ声をかけられ、イスラエルの民をエジプトから脱出させる使命をモーセは神より権威と力と共にいただいて、エジプトに下っていきます。モーセが燃える柴の箇所で神との出会いを体験したのは、八十歳の時であるとされていますので、四十年間、ミデヤンの荒野で羊飼いをしていたのです。この四十年の間にあっても、イスラエルの民をエジプトの圧政下から救い出したいというモーセの願い求めは消えることなく、その願い求めが積み重ねられたことによって、生ける神、主がそれを聞き入れられた結果でした。四十年の捜し求めの結果、神との出会いを体験し、み言葉と使命を権威と力と共にいただいたのです。

エジプトに下ったモーセは、神の力と助けによってイスラエルの民をエジプトから脱出させます。歩いて紅海を渡ったイスラエルの民には、荒野の四十年の旅が待っていました。イスラエルの民の荒野の四十年の旅は、生ける神、主に選ばれた民として、主と共に約束の地において神に喜ばれる国を建設するための準備の期間でした。イスラエルの民は、四十年の荒野の旅で試練や困難に出遭いつつ、神のみこころがどのようなものか、どのようにしたら神のみこころにかなう歩みができるか、生ける神、主について学んでいきます。

イスラエルの民の四十年の荒野の旅のハイライトは、神の山シナイにおけるイスラエルの民と生ける神、主との出会いです。生ける神、主は、シナイ山の山頂に下りてこられ、モーセを通して神の言葉「十戒」と旧約聖書の律法を授けられました。この神の言葉「十戒」と旧約聖書の律法は、生ける神、主が約束の地、乳と蜜の流れるカナンの地に一緒に上っていってくださるために、イスラエルの民が守り行わなければならない、生ける神、主からの命令です。それは、イスラエルの民が神に喜ばれる民となるために守り行わなければならない条件であって、その細則も、生ける神、主がモーセを通して旧約聖書の律法としてお与えになりました。イスラエルの民は声を一つにして「主の仰せられたことは、みな行います」と答えました。

生ける神、主は、さらにモーセに「山へ行き、わたしのところに上り、そこにおれ。彼らを教えるために、わたしが書きしるしたおしえと命令の石の板をあなたに授けよう」と命じられたので、モーセはアロンとフルをイスラエルの民の指導者として残し、山に登りました。そしてモーセは、四十日四十夜、山にいました。イスラエルの民は、モーセが山から下りてくるのに手間取っているのを見て不安になり、生ける神、主への不信が生じ、アロンに金の子牛をつくってもらい、それを拝む偶像礼拝を始めてしまいます。

四十日四十夜、山にいて、生ける神、主より教えを授けられ、神の言葉「十戒」を刻んだ石の板をいただいたモーセは、山を下りると宿営に近づき、金の子牛とそのまわりで踊っているイスラエルの民を見ると、彼の怒りは燃え上がり、手に持っていた神の言葉「十戒」を刻んだ石の板を投げ捨て、それを山のふもとで砕いてしまいました。モーセは怒って、偶像礼拝に走った者たちを殺し、その日、イスラエルの民のうち三千人が倒れました。そして、モーセはイスラエルの民に言いました。「あなたがたは大きな罪を犯した。それで今、私は主のところに上って行く。たぶんあなたがたの罪のために贖うことができるでしょう」。

モーセは生ける神、主に、イスラエルの民が犯した罪が赦されるようにお願いするとともに、生ける神、主が、イスラエルの民と共に約束の地に上ってくださるよう強くお願いしました。すると主は、モーセの熱心な願い求めを聞き入れ、生ける神、主ご自身がイスラエルの民と共に約束の地に上ろうとお約束くださいました。モーセはさらに、生ける神、主がイスラエルの民と共に約束の地に上ってくださる保証として、「どうか、あなたの栄光を私に見せてください」と願います。

モーセの願い求めに対し、生ける神、主は仰せられました。「わたし自身、わたしのあらゆる善をあなたの前に通らせ、主の名で、あなたの前に宣言しよう。わたしは、恵もうと思う者を恵み、あわれもうと思う者をあわれむ」。

また、仰せられました。「あなたはわたしの顔を見ることはできない。人はわたしを見て、なお生きていることはできないからである」。

また、仰せられました。「見よ。わたしのかたわらに一つの場所がある。あなたは岩の上に立て。わたしの栄光が通り過ぎるときには、わたしはあなたを岩の裂け目に入れ、わたしが通り過ぎるまで、この手であなたをおおっておこう。わたしが手をのけたら、あなたはわたしのうしろを見るであろうが、わたしの顔は決して見られない」。

そこでモーセは、前のと同じような二枚の石の板を切り取り、翌朝早く、二枚の石の板を手に持ってシナイ山に登りました。主は雲の中にあって降りてこられ、彼と共にそこに立って、主の名によって宣言されました。「主、主は、あわれみ深く、情け深い神、怒るのにおそく、恵みとまことに富み、恵みを千代も保ち、咎とそむきと罪を赦す者、罰すべき者は必ず罰して報いる者。父の咎は子に、子の子に、三代に、四代に」。

生ける神、主は、モーセの願い求めに応じてくださり、栄光のお姿をモーセの前に現してくださいました。モーセは生ける神、主のお顔を見ることはできませんでしたが、後ろ姿を拝することができました。また、主の栄光がモーセの前を通り過ぎる時、生ける神、主は、主の名によって、生ける神、主のご本性をご宣言くださいました。先の主の言葉は、英語の聖書では次のように記されています。「The Lord, the Lord God, merciful and gracious, longsuffering, and abounding in goodness and truth, keeping mercy for thousands, forgiving iniquity and transgression and sin, by no means clearing the guilty, visiting the iniquity of the fathers upon the children and the children's children to the third and the fourth generation」

生ける神、主は、神を信じ受け入れ、従う者の咎と背きと罪を赦してくださる赦しの恵み（merciful）に満ちた方です。さらに、生ける神、主に従う者に豊かに神の力を注いで、その働きに実りをお与えくださり、生命の力を豊かにお注ぎくださる、情け深い（gracious）愛に満ちた方です。また、生命の道の歩みの中でさまざまな試練や困難に出遭っても、忍耐して怒りを抑えてくださり、神の力、生命の力を注ぎ続けてくださる忍耐強い愛（longsuffering）なる神です。神のみそばには豊かな恵み（goodness）が満ち満ちていると同時に、歴史の試練に遭ってもますます輝きを増す真実の言葉、生命の言葉に満ちた方であられ、神にあるまこと（truth）に満ち満ちておられる方です。

生ける神、主に従い、神に喜ばれる者となった者には、その子孫の千代にまで恵みを保ち続けてくださり、その子孫の犯す咎や背きや罪を赦してくださるのです。しかし、罪ありと定められた者に対しては、あらゆる手段を尽くしてその者を取り除くだけでなく、父の咎をその子に報い、子の子に、三代、四代にわたってその咎の報いを支払わせる方であられるのです。

モーセは生ける神、主の後ろ姿を拝し、また生ける神、主のご本性を主の名によって宣言されるのを聞いて、このように確信しました。すなわち、生ける神、主のみ前にあっては、罪ありと主から断定される前に悔い改めて、生ける神、主に立ち返るならば、その犯した罪を赦されるだけでなく、生ける神、主が生命の力を豊かにお注ぎくださり、恵みの中に歩むことができるのであり、どんな試練や困難が襲ってこようとも、従う者を見捨てることがない生ける神、主のご本性によって、イスラエルの民は生ける神、主と共に約束の地に上っていくことができると。たたき求めるとは、生ける神、主の栄光を拝し、生ける神、主のみこころに関する確信を得る体験をするため、神の言葉とお約束の上に立って強く強く求めることです。神はたたき求める者には、誰であってもそのお姿を現してくださいます。

「求めなさい、捜しなさい、たたきなさい」との主イエス・キリストの教えですが、主イエス・キリストと共に生命の道を歩むキリストの弟子の歩みにも段階があり、求めて与えられる時もあり、捜して見出す時もあり、モーセのように、生ける神、主の栄光を拝し、主の姿を見ることをたたき求めて、開かれることもあるのです。神に属することとこの世に属することとは相容れることがないため、生ける神、主の栄光を拝し、主の姿を見るためには、キリストの弟子の心の中に、この世のものを求め、神に背を向けて歩む罪があってはなりません。この世は罪と世とサタンの支配下にあるので、罪の働きだけでなく、世の働き、サタンの働きからも潔められた心の持ち主だけが、たたき求める時に神にお出会いし、神を見る幸いを得るのです。

次に、「心のきよい者は幸いです」というみ言葉と、育成結実の歩みの第三の門の右側に刻まれている「何事でも、自分にしてもらいたいことは、ほかの人にもそのようにしなさい。これが律法であり預言者です」という主イエス・キリストの教えのみ言葉との関連を学びます。

モーセに率いられたイスラエルの民は、神の山シナイで生ける神、主にお出会いしました。生ける神、主が神の山シナイの山頂に降りてこられた時、山の上に雷といなずまと密雲があり、角笛の音が非常に高く鳴り響いたので、宿営の中の民はみな震え上がりました。シナイ山は全山が煙っていました。それは、主が火の中にあって山の上に降りてこられたからでした。その煙はかまどの煙のように立ち上り、全山が激しく震えました。

このような恐ろしい情景の中でイスラエルの民は、モーセが行って神と話し、その内容を教えてほしい、私たちはそれを守りますとモーセにお願いいたします。モーセは神の命令によって、神の山シナイに四十日四十夜おりました。しかし、モーセが山から下りてくるのに手間取っているのを見て、イスラエルの民の心に不安が生じ、生ける神、主への不信となり、アロンに願って、金の子牛を拝む偶像礼拝を始めてしまいます。神の言葉「十戒」を刻んだ石の板をいただいて山を下りてきたモーセは、金の子牛とそれを拝み踊っているイスラエルの民を見て、彼の怒りは燃え上がり、神から授かった二枚の石の板を投げ捨て、山のふもとで砕いてしまいました。モーセは怒って、金の子牛を火で焼き、粉々に砕き、それを水の上にまき散らして、イスラエル人に飲ませました。またモーセは、偶像礼拝から離れない者たちを殺し、その日、イスラエル人三千人が倒れました。

イスラエルの民は、生ける神、主に対して全き服従をもって仕えなければならない民なのです。生ける神、主から、「偶像礼拝をしてはならない」とのみ言葉をいただいておりながら、モーセが四十日四十夜シナイ山に登って、そこにとどまっていたことによって、イスラエルの民は不安にかられ、生ける神、主への信仰から離れ、偶像の神をつくって拝む罪を犯してしまいました。モーセが山に登ったままで、どこに行ってしまったかわからないという不安ゆえの行いでしたが、神の前には罪は罪です。

イスラエルの民は、人の組織体として、まだきよい心を持つ状態になっていなかったのです。モーセは、神の前に出て神と語り合うことのできる心のきよさをすでに得ておりましたが、イスラエルの民は、その心の中に生ける神への不信があり、何かあるごとにそれが表面に出てくるのです。イスラエルの民が神の導きと力を得て約束の地に上っていくためには、イスラエルの民全体として潔められなければならないのです。しかしその前に、イスラエルの民と生ける神、主との関係を修復しなければなりません。偶像の神から離れない者たちを取り除いた上で、モーセはイスラエルの民のために生ける神、主にお願いしました。

モーセの立場からすれば、イスラエルの民は、生ける神、主に忠実であり、全面的に生ける神、主に服従すべきだったのです。しかし、イスラエルの民の中には心の潔められていない人々がいて、金の子牛を拝む偶像礼拝に走り、神の前に罪を犯してしまいました。イスラエルの民の罪がこのまま生ける神の前に残ってしまうなら、イスラエルの民は約束の地に上っていくことができません。イスラエルの民の指導者であるモーセは、罪を犯してしまったイスラエルの民と、生ける神、主との間に立ち、イスラエルの民を、神の前に犯してしまった罪から贖い出さなければならないのです。生ける神、主とイスラエルの民との関係を常に良き関係に保ちつつ、イスラエルの民の中にある、生ける神、主に従うことのできない罪を取り除くことが必要ですが、それ以上に、イスラエルの民と生ける神、主との関係を修復することが不可欠です。このイスラエルの民と生ける神、主との関係を修復することが、モーセにとって、主イエス・キリストの教えである「何事でも、自分にしてもらいたいことは、ほかの人にもそのようにしなさい。これが律法であり預言者です」というみ言葉の実践、実行となるのです。

モーセは生ける神、主にお願いしました。「ああ、この民は大きな罪を犯してしまいました。自分たちのために金の神を造ったのです。今、もし、彼らの罪をお赦しくださされるものなら――。しかし、もしも、かないませんなら、どうか、あなたがお書きになったあなたの書物から、私の名を消し去ってください」。

モーセは生ける神、主と談判したのです。モーセ自身は生ける神、主に忠実に歩んできましたが、イスラエルの民の罪を贖うために、「その罪のさばきを自分の上に報いてください」とお願いしたのです。生ける神、主は、モーセが神に対して罪を犯したわけではないので、モーセの名を生命の書から消し去ることはできません。そのため、モーセの願いを受け入れ、モーセの言葉のゆえに民の罪を赦しましたが、イスラエルの民はうなじのこわい民なので、主が彼らを絶ち滅ぼすことがないよう、共に約束の地へは上らず、ひとりの使いを遣わすと仰せになりました。

イスラエルの民はモーセを通してこの神のお言葉を聞きました。神がイスラエルの民をお赦しくださって、イスラエルの民を約束の地へ導き上るが、神ご自身はイスラエルの民と共に上ることはせず、ひとりの使いを遣わされる。それはイスラエルの民がうなじがこわい民なので、彼らに対して神が怒りを発し、イスラエルの民を滅ぼすことがないためである。イスラエルの民はこれを聞いて悲しみ、誰も飾り物をつけませんでした。

生ける神、主は、イスラエルの民の悔い改めた様子を見て思い直され、彼らと共に約束の地へ上ろうと仰せになりました。モーセは生ける神、主にさらに強く求め、生ける神、主がイスラエルの民と共に約束の地へ上ってくださることの保証を求め、「どうか、あなたの栄光を私に見せてください」とお願いしました。その結果、生ける神、主は、モーセの前に主のあらゆる善を通らせ、主の名によってご宣言くださいました。「主、主は、あわれみ深く、情け深い神、怒るのにおそく、恵みとまことに富み、恵みを千代も保ち、咎とそむきと罪を赦す者、罰すべき者は必ず罰して報いる者。父の咎は子に、子の子に、三代に、四代に」。

モーセは生ける神、主の後ろ姿を拝し、主のみ名によって宣言された生ける神、主のご本性を知りました。生ける神、主の霊はモーセの心の中に満ち満ち、生ける神、主のご本性によれば、悔い改めたイスラエルの民と共に生ける神、主が約束の地に上ってくださり、イスラエルの民をご自身の民として守り導き、約束の地での繁栄にまで共に歩んでくださる神であることを心の底から知ります。そして、生ける神、主への確信に満ちて、神の山シナイからイスラエルの民を新しい地へと前進させていくのです。

生ける神、主のお姿を仰ぎ見て神の栄光を拝する体験、それは「神を見る」ということですが、それは何物にも代えることのできない素晴らしいものです。その時を境にして、神の栄光を拝した人は人生を一変させます。モーセは燃える柴の箇所で、最初の生ける神との出会いを体験します。しかし、神の山シナイでは、生ける神、主の後ろ姿を拝し、主のみ名によって生ける神、主のご本性を宣言されるみ声を聞きました。モーセにとってこれ以上の経験はありません。この神の山シナイにおいて生ける神、主の栄光を拝し、主のみ名によって宣言されるみ声を聞いたあとは、モーセはもう生ける神と一心同体となって、全身全霊を挙げてイスラエルの民を約束の地へと導いていくのです。

生命の道の歩み・第三ステージ
「収穫の歩み」　第一の門

10「平和をつくる者は幸いです」

主イエス・キリストと共に生命の道を歩むキリストの弟子は、生命の道の歩みの第二ステージ、育成結実の歩みの第三の門で、たたき求めるようにして生ける神、主に求め、生ける神、主が共に歩んでくださるという確信を得たいと願いました。そしてキリストの弟子は、生ける神、主の後ろ姿を拝することができただけでなく、生ける神、主のご本性を主のみ名によって宣言されるみ声を聞き、生ける神、主の霊がキリストの弟子の心を満たしました。

生ける神、主は、悔い改めて主に立ち返る者を喜んで受け入れてくださる、赦しの恵み（merciful）に満ち満ちた方であるばかりでなく、生ける神、主と共に歩む者に生命の力、神の力を豊かにお注ぎくださる、ご愛（gracious）に満ちた方であり、また、良き実を結んだあとにも、周囲の社会からいろいろな試練や困難が襲ってきても、神の力を注ぎ続けてくださり、守り導き続けてくださる、忍耐強い愛（longsuffering）に満ちた方です。生ける神、主のもとには良きもの（goodness）が満ち満ちているだけでなく、歴史の試練にあってもますます輝きを増す生命の言葉、真理の教えの言葉（truth）が満ち満ちているのです。

また、生ける神、主に立ち返り、主に喜ばれる者となった者には、その恵みを千代にまで保ってくださり、たとえ神に背を向けて歩むような咎や背きや罪がある場合でも、赦しの恵みをもって守り導いてくださる神です。しかし、いったん罪ありと定められた者に対しては、あらゆる手段を尽くしてその者を取り除くだけでなく、その子、その子の子供と、三代、四代にわたってその罪を問い、取り除いて、人の集団、人の組織体を潔めてくださる神なのです。

このことを知ったキリストの弟子は、神の栄光を拝し、神の後ろ姿を見て、生ける神の存在を確信するだけでなく、生ける神、主のご本性を主のみ名によって宣言されるみ声を聞くことによって、心の奥深くに生ける神、主の霊による平安と喜び、そして確信を得ました。生ける神、主は、どんな試練や困難が襲ってこようとも、キリストの弟子の属する人の集団、人の組織体をお見捨てになることはないのです。その一番の根拠は、キリストの弟子自身が生ける神、主に喜ばれる存在として、生ける神、主の栄光を拝することができたことです。

また、生ける神、主は、生ける神、主の栄光を拝し、主の姿を仰ぎ見ているキリストの弟子を祝し、み言葉と使命の種蒔き、育成結実の働きの結果である豊かな良き結実をお与えくださいます。主イエス・キリストと共に生命の道を歩むキリストの弟子が、生ける神、主の栄光を拝し、主の姿を仰ぎ見ることのできる存在となり、良き結実を得たことにより、生命の道の歩みの育成結実の歩みは終了し、生命の道の歩みは第三ステージの収穫の歩みへと移っていくのです。

生命の道の歩みの第三ステージ、収穫の歩みの第一の門の中央には、「平和をつくる者は幸いです」というみ言葉が刻まれています。英語の聖書では「Blessed are the peacemakers, For they shall be called sons of God」と記されています。

生命の道の歩みの第三ステージ、収穫の歩みの第一の門にやって来たキリストの弟子は、平和をつくる者となっていくのです。生ける神、主の栄光を拝し、主の姿を仰ぎ見たキリストの弟子は、主のみ名によって宣言されるみ言葉を聞き、心の中に生ける神、主の霊の満たしを得、その心の中に生ける神、主にある平安と喜び、そして確信を得ました。この生ける神、主にある平安と喜び、そして確信を、キリストの弟子の属する人の集団、人の組織体の平安と喜び、生ける神への確信としていくことが、収穫の歩みにおけるキリストの弟子の使命となってくるのです。この生ける神、主にある平安と喜び、生ける神への確信が、人の集団、人の組織体の中に定着していく時、主イエス・キリストと共に生命の道を歩むキリストの弟子は、平和をつくる者、人の集団、人の組織体の中に、生ける神、主にある平安を生み出す者となっていくのです。
生命の道の第三ステージ、収穫の歩みの第一の門の左右の門柱には、「狭い門から入りなさい。いのちに至る門は小さく、その道は狭く、それを見いだす者はまれです」という教えのみ言葉と、「にせ預言者たちに気をつけなさい。彼らは羊のなりをしてやって来るが、うちは貪欲な狼です。あなたがたは、実によって彼らを見分けることができます」という教えのみ言葉が刻まれています。聖書に従って、主イエス・キリストの教えの言葉の全文を記します。

マタイの福音書五章九節

平和をつくる者は幸いです。その人たちは神の子どもと呼ばれるから。

マタイの福音書七章一三―一四節

狭い門から入りなさい。滅びに至る門は大きく、その道は広いからです。そして、そこから入って行く者が多いのです。いのちに至る門は小さく、その道は狭く、それを見いだす者はまれです。

マタイの福音書七章一五―二〇節

にせ預言者たちに気をつけなさい。彼らは羊のなりをしてやって来るが、うちは貪欲な狼です。あなたがたは、実によって彼らを見分けることができます。ぶどうは、いばらからは取れないし、いちじくは、あざみから取れるわけがないでしょう。同様に、良い木はみな良い実を結ぶが、悪い木は悪い実を結びます。良い木が悪い実をならせることはできないし、また、悪い木が良い実をならせることもできません。良い実を結ばない木は、みな切り倒されて、火に投げ込まれます。こういうわけで、あなたがたは、実によって彼らを見分けることができるのです。

です。

まず、「平和をつくる者は幸いです」というみ言葉と「狭い門から入りなさい。いのちに至る門は小さく、その道は狭く、それを見いだす者はまれです」という主イエス・キリストの教えのみ言葉との関連を学びます。

「平和をつくる者は幸いです。その人たちは神の子どもと呼ばれるから」というみ言葉からも判断できるように、生命の道の歩みの第三ステージ、収穫の歩みの第一の門の中央に刻まれている「平和」とは、生ける神、主にある平和のことです。主イエス・キリストと共に生命の道を歩むキリストの弟子は、生ける神、主の栄光を拝し、生ける神、主が主のみ名によって宣言されたみ声を聞き、生ける神、主のご本性を知ることができ、生ける神、主に従い抜く全き信仰と、心の中に満ちあふれる平安と喜びを得ました。この生ける神、主にある平安と喜びを、キリストの弟子の属する人の組織体の平安と喜びとすることが、キリストの弟子に与えられた新たな使命なのです。

生命の道の歩みの第三ステージ、収穫の歩みは、主イエス・キリストと共に歩むキリストの弟子にとって全く新しい歩みとなります。生ける神、主の栄光を拝し、主のみ名によって生ける神、主が神のご本性を宣言されるみ言葉とみ声を聞いたキリストの弟子は、生ける神、主に生きる者となったのです。主イエス・キリストと共に歩む生命の道の歩みの第一ステージ、種蒔きの歩みの第一の門でキリストの弟子は、生ける神、主よりみ言葉と使命を権威と力と共に授かりました。キリストの弟子はそのみ言葉と使命の実践、実行に励み、遣わされた人の集団、人の組織体をリードし、良き実を結ばせることに成功し、収穫の時を迎えたのです。

しかし、良き実を結ぶまでの人の組織体の歩みを振り返る時、さまざまな問題に遭遇し、試練や困難を乗り越えてきたことを見出します。また、主イエス・キリストと共に歩む生命の道の歩みの第一ステージ、種蒔きの歩みの第一の門の右側の門柱に刻まれていた「さばいてはいけません。さばかれないためです」というみ言葉が、生命の道の歩みの第一ステージである種蒔きの歩み、第二ステージである育成結実の歩みを通して力強く働いてきたことを知ります。キリストの弟子は、人の集団、人の組織体内外にいる誰をもさばいて非難したり否定したりすることはできず、ただただ与えられたみ言葉と使命の実践、実行に集中して努力し、清濁併せ呑んで、み言葉と使命の実践、実行に励み、キリストの弟子と同労者の祈りと努力と忍耐によって、み言葉と使命の実践、実行が良き結実に至ったのです。

収穫の時は、良き実と悪い実をふるいにかけて選り分ける時です。「さばいてはいけません。さばかれないためです」というみ言葉に導かれて清濁併せ呑んできましたが、生命の道の第三ステージに来たキリストの弟子は、生ける神、主に生きる者となりました。また、人の集団、人の組織体の中に生ける神、主にある平安を生み出すためには、良き実と悪い実を選り分けるように、良い働き人と悪い働き人を選り分けなければならない時が来たのです。生ける神、主にある平和を人の組織体の中につくり上げるためには、生ける神、主にあって働く者と、この世の力に支配されて働く者を選り分ける時が来たことを示すのが、収穫の歩みの第一の門の右側にある主イエス・キリストの教えのみ言葉なのです。「狭い門から入りなさい。いのちに至る門は小さく、その道は狭く、それを見いだす者はまれです」との教えのみ言葉は、生命の道の歩みの第三ステージ、収穫の歩みで、キリストの弟子が選び取らねばならない働きについて教えられたみ言葉です。

主イエス・キリストはヨハネの福音書一三章において弟子たちの足を洗われました。主イエス・キリストは最後の晩さんにおいて、夕食の席から立ち上がって、上着を脱ぎ、手ぬぐいを取って腰にまとわれ、たらいに水を入れて、弟子たちの足を洗われ、腰にまとっておられた手ぬぐいで拭かれました。人の足を洗うのは一番身分の低い下僕《サーバント》の仕事です。一番身分の低い下僕《サーバント》がする足を洗うことを、主である主イエス・キリストが弟子たちに対しなさいました。そして、おっしゃいました。

「あなたがたはわたしを先生とも主とも呼んでいます。あなたがたがそう言うのはよい。わたしはそのような者だからです。それで、主であり師であるこのわたしが、あなたがたの足を洗ったのですから、あなたがたもまた互いに足を洗い合うべきです。わたしがあなたがたにしたとおりに、あなたがたもするように、わたしはあなたがたに模範を示したのです。まことに、まことに、あなたがたに告げます。しもべはその主人にまさらず、遣わされた者は遣わした者にまさるものではありません。あなたがたがこれらのことを知っているのなら、それを行うときに、あなたがたは祝福されるのです」（ヨハネの福音書一三章一三―一七節）。

主イエス・キリストが弟子の足を洗われたのは、弟子に模範を示すためでしたが、主であるイエス・キリストが下僕である弟子たちの足を洗われた真の目的は、弟子たちが主イエス・キリストに従って歩んでいるその実態を正確に把握し、弟子たちの中にいる、この世の力に支配されて罪の働きから離れない者、すなわち、主イエス・キリストを裏切る者を見出すためだったのです。いよいよ主イエス・キリストの弟子の中に、生ける神、主にある平安を満たす時が来たのです。そのためには、主イエス・キリストの弟子の中にいる、神に従うことができない者を見出し、その者を取り除く時が来たのです。

生ける神、主に従い切る者であるかどうかを見分けることは、簡単なことではありません。立場が上の者が、上から部下の心の中を見分けようとすると、下の者は必死に真の姿を隠そうとして、結局うまくいきません。しかし、上の立場にある者がへりくだって下僕の立場になり、部下の足を洗う時、つまり具体的には、部下の失敗やミスをカバーしたり、良い働きのためのサポートをする時、その部下は真の姿を現さざるを得なくなります。そして、その部下の失敗やミスをカバーしたり、仕事をサポートしたりする時、その部下の姿に問題がないならば、その者は神の目から見て良き者として選ばれたということになるのです。しかし、生ける神、主に従うことのできない者は、上の立場にある者が自分の足元に来て、自分の仕事をサポートすることを嫌います。生ける神、主に従うことができない自分の姿が明らかにされてしまうからです。

主イエス・キリストと共に歩む生命の道の歩みの第三のステージ、収穫の歩みの第一の門の右側の門柱に刻まれている「狭い門から入りなさい。いのちに至る門は小さく、その道は狭く、それを見いだす者はまれです」という主イエス・キリストの教えのみ言葉にある「狭い門」とは、人の組織体の長が部下の失敗やミスをカバーし、仕事をサポートしながら発揮する「サーバント・リーダーシップ」の門であり、主イエス・キリストが弟子たちの足を洗い、裏切る者イスカリオテのユダを見出した方法です。

人の組織体の中に、生ける神、主に従う者と、この世の思いに従う者とが混在していると、人の組織体の中に、生ける神、主の平和を実現することができません。生命の道の第三ステージ、収穫の歩みでキリストの弟子がまずなさねばならないことは、サーバント・リーダーシップによって、生ける神、主に従う者と、この世の思いに捕らわれている者とを選り分けることです。この世の思いに捕らわれている者を取り除かない限り、生ける神、主にある平安が、人の組織体全体の平安とはならないのです。

次に、「平和をつくる者は幸いです」というみ言葉と、「にせ預言者たちに気をつけなさい。彼らは羊のなりをしてやって来るが、うちは貪欲な狼です。あなたがたは、実によって彼らを見分けることができます」という主イエス・キリストの教えのみ言葉との関連を学びます。

主イエス・キリストと共に歩む生命の道の第三ステージ、収穫の歩みの第一の門で、人の組織体の長であるキリストの弟子は、部下のミスや失敗をカバーし、部下の働きをへりくだってサポートするサーバント・リーダーシップによって、生ける神、主にある平安を受け入れることのできる者と、生ける神、主にある平安を受け入れることができずに反発する者とを選り分け、生ける神、主にある平安を人の組織体の中に広げることのできる体制づくりをいたしました。

しかし、人の組織体の中に存在する、この世を思う心は大変根が深く、簡単にそれを取り除くことはできません。生ける神、主に属することと、人に属し、この世に属することとは、どんなに努力しても相容れることはないのです。生ける神、主にある平和が人の組織体の中に広がっていこうとすればするほど、人の組織体の中にいる、この世の思いを求め続ける人たちの反発が表面化してくるのです。

民数記一六章には、モーセとアロンに逆らったイスラエルの民の指導者たちとコラの記事があります。モーセは生ける神、主の栄光を拝し、また生ける神、主が主のみ名によって生ける神、主のご本性を宣言されるみ言葉とみ声を聞き、確信と心の内に満ちあふれる平安と喜びを得ました。そして、生ける神、主がイスラエルの民と共に約束の地に上ってくださるとの確信をもって、イスラエルの民と共に神の山シナイをあとにしたのです。

生ける神、主はモーセを通してイスラエルの民の人口調査を命じられ、新しい歩みを開始した人々を確認するため、イスラエルの民を氏族ごと、父祖の家ごとにその数を調べさせました。しかし、イスラエルの民は約束の地に向かって歩んでいる間にひどく不平をもらし、主に向かってつぶやきました。それは「飲み水がない」というつぶやきであり、「ああ、肉が食べたい」というつぶやきでした。イスラエルの民にはマナが与えられていましたが、これに飽きてしまったのです。

モーセは生ける神、主に願いました。「これらイスラエルの民の願いを担うのは私には重すぎます。私を殺してください」。そこで生ける神、主は、イスラエルの民の長老七十人を選び出させ、モーセに与えていた霊のいくらかを取って、それを共に担う者としてくださいました。また、イスラエルの民の願った肉については、うずらを飛んでこさせ、イスラエルの民にお腹いっぱいの肉をお与えになりました。

また、アロンの姉ミリヤムはモーセを非難しました。彼がクシュ人の女をめとっていたからでした。モーセがイスラエルの民の指導者として自覚をもって歩み始めると、彼の一番身近な兄弟、アロンとミリヤムが、イスラエルの民の指導者としてのモーセのあり方に対して非難したのです。生ける神、主は、モーセとアロンとミリヤムの間をさばき、仰せられました。

「わたしのことばを聞け。もし、あなたがたのひとりが預言者であるなら、主であるわたしは、幻の中でその者にわたしを知らせ、夢の中でその者に語る。しかしわたしのしもベモーセとはそうではない。彼はわたしの全家を通じて忠実な者である。彼とは、わたしは口と口とで語り、明らかに語って、なぞで話すことはしない。彼はまた、主の姿を仰ぎ見ている。なぜ、あなたがたは、わたしのしもベモーセを恐れずに非難するのか」。

そして、生ける神、主が離れ去られると、ミリヤムはツァラアト（皮膚が冒され、汚れているとされた当時の疾患）にかかり、雪のように白くなりました。しかし、アロンとミリヤムがモーセを非難した罪を悔い改め、モーセが生ける神、主に祈り求めると、ミリヤムは宿営の外に締め出され、七日後には連れ戻すことができるようにしてくださいました。

また、生ける神、主はモーセに命じ、イスラエルの民の中から父祖の家ごとに一人ずつ族長を遣わしてカナンの地を探らせました。十二人の族長はカナンの地に行ってその地を探り、報告をしました。カナンの地が乳と蜜の流れる豊かな地であることについてはみな一致しましたが、そこにはすでにイスラエルの民よりも強い民が住んでおり、そこに上っていくことはできないと報告した者が十名、生ける神、主が共に上ってくださるなら上っていきましょうと言ったのはカレブとヨシュアだけでした。

イスラエルの民は一歩前進するごとに生ける神、主のみこころを疑い、それに従うことに反対します。このことは、キリストの弟子の遣わされる人の組織体にあっても同じなのです。生ける神、主のみこころにかなうことと、この世の人に属することは相容れることがなく、一歩、歩を進めるごとに、人の組織体の反発を受けるのです。しかし、生ける神、主は、そのような反発が起こることもあらかじめご存知であられ、一歩、歩を進めるたびに、生ける神、主の力と助けを発揮して、キリストの弟子を守り導いてくださるのです。

イスラエルの民の指導者二百五十人と、コラ、ダタン、アビラムがモーセとアロンに逆らって立ち上がったことは、イスラエルの民の四十年の荒野の旅の中の出来事でも大きな意味を持つことでした。コラはイスラエルの民の指導者を代表して、モーセとアロンに言いました。「あなたがたは分を越えている。全会衆残らず聖なるものであって、主がそのうちにおられるのに、なぜ、あなたがたは、主の集会の上に立つのか」。

コラ、ダタン、アビラムをはじめ、二百五十人のイスラエルの民の指導者たちは、生ける神、主が約束の地カナンに共に上ってくださるという確信を持ち出すと、生ける神、主の身近に仕えているモーセとアロンが邪魔になってきたのです。このような、人の組織体の長たちの反逆は、人の組織体の中に生ける神、主にある平和を広げようとする時、必ず起こるものなのです。これは、モーセの背負う荷を軽くするため、生ける神、主が彼に与えた霊のいくらかを取ってイスラエルの民の指導者たちの上にお与えになったことで、イスラエルの民が生ける神、主を身近に感じるようになったことによるものです。

このような事態に対してモーセは、生ける神、主の前にひれ伏すとともに、コラたちに言いました。「あしたの朝、主は、だれがご自分のものか、だれが聖なるものかをお示しになり、その者をご自分に近づけられる。主は、ご自分が選ぶ者をご自分に近づけられるのだ。こうしなさい。コラとその仲間のすべてよ。あなたがたは火皿を取り、あす、主の前でその中に火を入れ、その上に香を盛りなさい。主がお選びになるその人が聖なるものである。レビの子たちよ。あなたがたが分を越えているのだ」。

彼らはおのおの火皿を取り、それに火を入れて、その上に香を盛りました。そして、モーセとアロンは一緒に会見の天幕の入り口に立ちました。コラは全会衆を会見の天幕の入り口に集めて、ふたりに逆らわせようとしたのです。

その時、主の栄光が全会衆に現れ、主はモーセとアロンに告げて仰せられました。「あなたがたはこの会衆から離れよ。わたしはこの者どもをたちどころに絶滅してしまうから」。

ふたりはひれ伏して言いました。「神。すべての肉なるもののいのちの神よ。ひとりの者が罪を犯せば、全会衆をお怒りになるのですか」。

主はモーセに告げて仰せられました。「この会衆に告げて、コラとダタンとアビラムの住まいの付近から離れ去るように言え」。

モーセは立ち上がり、イスラエルの長老たちを従えてダタンとアビラムのところに行き、そして会衆に告げて言いました。「さあ、この悪者どもの天幕から離れ、彼らのものには何にもさわるな。彼らのすべての罪のために、あなたがたが滅ぼし尽くされるといけないから」。それで会衆は、コラとダタンとアビラムの住まいの付近から離れ去りました。ダタンとアビラムは、その妻子、幼子たちと一緒に出てきて、自分たちの天幕の入り口に立ちました。そして、モーセは次のように言いました。

「私を遣わして、これらのしわざをさせたのは主であって、私自身の考えからではないことが、次のことによってあなたがたにわかるであろう。もしこの者たちが、すべての人が死ぬように死に、すべての人の会う運命に彼らも会えば、私を遣わされたのは主ではない。しかし、もし主がこれまでにないことを行われて、地がその口を開き、彼らと彼らに属する者たちとを、ことごとくのみこみ、彼らが生きながらよみに下るなら、あなたがたは、これらの者たちが主を侮ったことを知らなければならない」。

モーセがこれらの言葉をみな言い終わるや、彼らの下の地面が割れ、地はその口を開いて、彼らとその家族、またコラに属するすべての者とすべての持ち物とを呑み込んでしまいました。彼らと彼らに属する者が生きながら冥府に下り、地は彼らを包んでしまい、彼らは集会の中から滅び去ったのです。この時、彼らのまわりにいたイスラエル人はみな、彼らの叫び声を聞いて逃げました。「地が私たちをも、のみこんでしまうかもしれない」と思ったからです。また、主のところから火が出て、香を捧げていた二百五十人を焼き尽くしたのです。

生ける神、主のさばきは明確であり、明瞭です。生ける神、主の平和を人の組織体の中に広げ、人の組織体の中に生ける神、主の平和を満たそうとする時、生ける神、主に属することのないこの世の力が結集して反発してくることは、自然の成り行きであって、避けることはできないものです。生ける神、主の霊と力がキリストの弟子と共にあるので、生ける神、主の力がすべてを行ってくださるのです。このような生ける神、主の働きによって、キリストの弟子が遣わされている人の組織体の中から、生ける神、主に従うことのない、この世の働きに従う者たちが取り除かれ、キリストの弟子の属する人の組織体の中に光が差し込み、新しい人の組織体の歩みが始まるのです。

「にせ預言者たちに気をつけなさい。彼らは羊のなりをしてやって来るが、うちは貪欲な狼です」との教えのみ言葉は、キリストの弟子の属する人の集団、人の組織体の指導者たちの反逆を示しています。生ける神、主に属することと、この世に属することとは相容れることがないため、生ける神、主の平安を人の集団、人の組織体の中に満たそうとする時、人の集団、人の組織体の人々は反発し、その思いを察知した人の集団、人の組織体の指導者たちはこの世の思いに引きずられて、キリストの弟子に反逆して立ち上がるのです。

しかし、生ける神、主の栄光を拝し、主の姿を仰ぎ見たキリストの弟子は、そのような反逆に出遭っても、生ける神、主に従うことから離れません。生ける神、主のさばきは明瞭であって、明確です。人の組織体に二つの頭、二種類のリーダーを置いて混乱させることはなさいません。アロンやミリアムに対して生ける神、主がそのご意思を明らかにされたように、イスラエルの民の指導者たちにも生ける神、主のご意思を明らかにされ、コラ、アビラム、ダタンたちはその家族と共にイスラエルの民の中から滅び去りました。

生ける神、主が共にいてくださる者には、良き実をお与えくださいます。実によって判断するとは、生ける神、主の働きとご臨在が共にあるか、その結果がどうであるかによって判断できるのです。

生命の道の歩み・第三ステージ

「収穫の歩み」　第二の門

11「義のために迫害されている者は幸いです」

主イエス・キリストと共に歩むキリストの弟子の生命の道の歩みの第三ステージ、収穫の歩みの第二の門の中央には、「義のために迫害されている者は幸いです」というみ言葉が刻まれています。生ける神、主の栄光を拝し、主のみ名によって生ける神、主のご本性を宣言されるみ声を聞いたキリストの弟子は、生ける神、主に従い切ることに関する確信と、心の中に満ちあふれる平安と喜びを得ました。生ける神、主に従い、主より与えられるみ言葉と使命の実践、実行、実証に励み、栄光を主に帰すことがキリストの弟子の義です。また、生ける神、主にある平安を、キリストの弟子の属する人の集団、人の組織体の中に満たすべく努力すると、この世の働きが反発してくるのです。

生命の道の歩みの第三ステージ、収穫の歩みの第二の門の左右には、「だれも、ふたりの主人に仕えることはできません。神にも仕え、また富にも仕えるということはできません」という主イエス・キリストの教えの言葉と、「空の鳥を見なさい。野のゆりを見なさい。空の鳥、野のゆりを見て、何を食べようか、何を飲もうか、何を着ようか、などと心配したりしてはいけません」という主イエス・キリストの教えの言葉が刻まれています。聖書に従って主イエス・キリストの教えの全文を記します。

マタイの福音書五章一〇節

義のために迫害されている者は幸いです。天の御国はその人たちのものだから。

マタイの福音書六章二四節

だれも、ふたりの主人に仕えることはできません。一方を憎んで他方を愛したり、一方を重んじて他方を軽んじたりするからです。あなたがたは、神にも仕え、また富にも仕えるということはできません。

マタイの福音書六章二五―三二節

だから、わたしはあなたがたに言います。自分のいのちのことで、何を食べようか、何を飲もうかと心配したり、また、からだのことで、何を着ようかと心配したりしてはいけません。いのちは食べ物よりたいせつなもの、からだは着物よりたいせつなものではありませんか。空の鳥を見なさい。種蒔きもせず、刈り入れもせず、倉に納めることもしません。けれども、あなたがたの天の父がこれを養っていてくださるのです。あなたがたは、鳥よりも、もっとすぐれたものではありませんか。あなたがたのうちだれが、心配したからといって、自分のいのちを少しでも延ばすことができますか。なぜ着物のことで心配するのですか。野のゆりがどうして育つのか、よくわきまえなさい。働きもせず、紡ぎもしません。しかし、わたしはあなたがたに言います。栄華を窮めたソロモンでさえ、このような花の一つほどにも着飾ってはいませんでした。きょうあっても、あすは炉に投げ込まれる野の草さえ、神はこれほどに装ってくださるのだから、ましてあなたがたに、よくしてくださらないわけがありましょうか。信仰の薄い人たち。そういうわけだから、何を食べるか、何を飲むか、何を着るか、などと言って心配するのはやめなさい。こういうものはみな、異邦人が切に求めているものなのです。しかし、あなたがたの天の父は、それがみなあなたがたに必要であることを知っておられます。

まず、「義のために迫害されている者は幸いです」と刻まれた、生命の道の第三ステージ、収穫の歩みの第二の門の中央にあるみ言葉と、「だれも、ふたりの主人に仕えることはできません。神にも仕え、また富にも仕えるということはできません」という、収穫の歩みの第二の門の右側の門柱に刻まれた主イエス・キリストの教えのみ言葉との関連について学びます。

生ける神、主の栄光を拝し、また主のみ名によって生ける神、主のご本性を宣言されるみ声を聞いたキリストの弟子は、生ける神、主に全く従う、生ける神、主に生きる者となりました。しかし、キリストの弟子が遣わされている人の集団、人の組織体には、生ける神、主を受け入れることができなかったり、この世の思いに強く取りつかれていたりする人々がいるのです。それがこの世の人の集団であり、この世の人の組織体なのです。

生命の道の歩みの第三ステージ、収穫の歩みの第一の門では、主イエス・キリストの教えに導かれたキリストの弟子は、リーダーである上司が部下の足を洗い、ミスや誤りをカバーするだけでなく、へりくだって部下と共に仕事に取り組み、部下の仕事をサポートするサーバント・リーダーシップによって仕事の実態を正確に把握し、良き実を結ぶまで部下を支え通すことによって、キリストの弟子の属する人の集団、人の組織体の中にいる、生ける神、主のみこころを受け入れることのない者を見出し、それに対処いたしました。また、さらに進んでいくと、キリストの弟子の属する人の集団、人の組織体の指導者たちが徒党を組んで、長であるキリストの弟子に反逆することもありました。しかし、生ける神、主の栄光を拝し、主のみ名によって生ける神、主のご本性を宣言されるみ声を聞いたキリストの弟子は、動ずることなくそれに対処し、生ける神、主のさばきがそこにあり、キリストの弟子に反逆した人たちは取り除かれて、キリストの弟子の属する人の集団、人の組織体は、生ける神、主の平和を受け入れ、一体となって前進する人の集団となっていきました。

このような時に、主イエス・キリストと共に生命の道を歩むキリストの弟子に、新しい試練が襲ってきます。キリストの弟子の属する人の集団、人の組織体を取り囲む外部の社会からの誘いです。このような外部の人からの誘いがあった時に対する主イエス・キリストの教えの言葉が、「だれも、ふたりの主人に仕えることはできません。神にも仕え、また富にも仕えるということはできません」です。

キリストの弟子が長となっている人の組織体が良き実を結んだだけでなく、人の組織体内部の問題にも適切に対処し、いよいよ社会的にも目立つ存在となってくると、それを取り囲む社会にいる人々は、キリストの弟子とその人の組織体を何とかしないと自分たちが呑み込まれてしまうと恐れを持ち、焦ります。この世の働きが、知恵の限りを尽くして反撃をしてくるのです。「この世の良きものを提供するから、生ける神、主から離れて、この世の人の仲間に加わりなさい」という誘いがやって来るのです。

キリストの弟子が率いる人の集団、人の組織体の中から、このような誘いに乗ってしまう人たちが出てきます。しかし、主イエス・キリストと共に生命の道を歩むキリストの弟子は、神の栄光を拝し、主のみ名によって生ける神、主のご本性を宣言されるみ声を聞いて、生ける神、主に全く従い切る者となっているので、キリストの弟子の属する人の集団、人の組織体を取り囲む外部の社会から提供される誘いに乗ることはありません。

しかし、人の集団、人の組織体全体を完全にコントロールすることは不可能なことです。せっかく世の良きものを提供されているのだからといって、それに乗る人たちも出てくるのです。しかし、主イエス・キリストと共に歩む生命の道の第三ステージ、収穫の歩みの第二の門にあっては、周囲の社会からの誘いや迫害があっても、生ける神、主に従い抜く信仰を貫くことが、キリストの弟子の歩みなのです。生ける神、主に従い抜き、迫害の中を歩み切るところに、栄光を神に帰す歩みがあるのです。いったん神から目を離すと、この世の働きの中にズルズルと引き込まれることになるのです。

イスラエルの民は、コラを中心とするイスラエルの民の指導者たちの反逆という事件を乗り越え、約束の地に向かって前進します。イスラエルの民は事あるごとに生ける神、主につぶやき、モーセやアロンを困らせます。「飲む水がない」と言ってつぶやき、また食べ物では「マナに飽き飽きした」とつぶやきます。こうしたつぶやきのゆえに、生ける神、主は燃える蛇をイスラエルの民の中に投げ込まれました。この燃える蛇によって、イスラエルの民の中の多くの人が死にました。

　イスラエルの民は悔い改めてモーセのところに来たので、モーセが祈ると、神はこのように仰せられました。「あなたは燃える蛇を作り、それを旗ざおの上につけよ。すべてかまれた者は、それを仰ぎ見れば、生きる」。そこで、モーセは一つの青銅の蛇を作り、それを旗ざおの上につけました。もし蛇が人を噛んでも、その者が青銅の蛇を仰ぎ見ると、生きました。生ける神、主は、人の弱さゆえの罪をよく知っておられ、そのような罪から神のもとに立ち返るための救いの手もあらかじめ用意してくださっているのです。この旗ざおの上につけられた青銅の蛇を仰ぎ見るとイスラエルの民の罪は赦されましたが、これは主イエス・キリストの十字架の原型なのです。

　イスラエルの民は、生ける神、主に向かい、またモーセとアロンに向かってつぶやきましたが、生ける神、主はその一つ一つのつぶやきに対して神の力と助けをもって答えてくださり、彼らの中からつぶやきを取り除かれました。

　イスラエルの民が荒野で次第に力を増し、周囲の民をなめ尽くそうとしているのを見たモアブの王バラクは、預言者バラムに依頼して、イスラエルの民をのろうよう、使者を遣わします。モアブの王バラクの使者を迎えた預言者バラムは、生ける神、主のみこころを聞きます。生ける神、主は預言者バラムに対し、「モアブの王バラクのところに行ってはならない。イスラエルの民をのろってはならない」とお告げになりました。そこで預言者バラムはモアブの王バラクの使者を帰し、「イスラエルの民をのろうことはできない」と伝えました。

するとモアブの王バラクは再度、地位の高い者にたくさんの贈り物を持たせて預言者バラムのところに遣わし、「イスラエルの民をのろっていただきたい」と願います。高い地位の使者とたくさんの贈り物に心を動かされた預言者バラムが再度、生ける神、主のみこころをお聞きすると、「モアブの王バラクのところに行ってもよいが、イスラエルの民をのろってはいけない」と仰せになりました。

そこで預言者バラムはロバに乗って、モアブの王バラクのところに行こうとします。すると、神のみこころと反対の方向に行こうとしている預言者バラムの前に、神の使いが抜き身の剣を持って立ちはだかり、ロバは神の使いを避けて、うずくまってしまいました。預言者バラムがロバを三度たたいたため、ロバが口を開いて預言者バラムを非難したとあります。

神のみこころに背を向けて歩むことが罪ですが、預言者バラムはモアブの王の贈り物に誘惑され、神のみこころとは反対の方向に歩んでいって、神の使いが彼の前に立ちはだかりました。神は預言者バラムに、バラクのところに行くことは許されました。しかし、預言者バラムがイスラエルの民をのろうことは許されませんでした。この世の人はみな、神に背を向けて歩む罪の虜となっています。そして預言者であっても、この世のものに誘惑されて罪を犯すのです。この預言者バラムは、この世の誘いに乗せられて神のみこころと反対の方向に歩み、イスラエルの民の前につまずきの石を置いたとして、神の前に罪ある者とされてしまいました。

生ける神、主はイスラエルの民をのろうことは許さなかったので、預言者バラムは三度イスラエルの民を祝福いたしました。モアブの王バラクは、預言者バラムが三度もイスラエルの民を祝福したことにより、通常の手段ではイスラエルの民の勢いをそぐことはできないと考え、別の策略を巡らせました。イスラエルの若者たちをモアブの宿営に呼び寄せ、モアブの女たちと交わりを持たせ、モアブの神を拝むようにさせ、生ける神、主からイスラエルの民が離反するように誘ったのです。

このような誘いに乗ってしまったイスラエルの民に対し、生ける神、主の怒りは燃え上がり、モーセは「モアブの女たちと交わりを持った者たちを殺せ」と命じました。そこで祭司アロンの子エルアザルの子ピネハスが会衆の中から立ち上がり、ミデヤン人の女を連れてやって来たイスラエル人のあとを追ってテントの奥の部屋に入り、ふたりとも槍で腹を刺し通して殺しました。このことによってイスラエル人への神罰はやんだとありますが、この世の誘惑はいつどこで起こるかわからないものです。生ける神にも仕え、この世のものにも仕えることはできないのですから、生ける神、主に徹底して仕えることを選ばねばなりません。

この世を見れば、不満の種は尽きることはありません。食べ物がよくない、飲み水にも不足している、肉が食べたい。神のみこころの実践、実行は危険すぎる、神の示す道に行けばイスラエルの民はみな殺されてしまう。このような神とモーセに対するつぶやき、不平不満は、イスラエルの民の中から消えることはありません。

一方、生ける神、主の栄光を拝し、主のみ名によって宣言されるみ言葉を聞き、生ける神、主と一体となったモーセは、確信を持ってイスラエルの民を約束の地に導いていきます。そして、約束の地に近づき、神のみこころが明らかになってくればくるほど、イスラエルの民の心の中に弱気が起こり、神とモーセへのつぶやきが起こります。そして、そのつぶやき一つ一つに、生ける神、主は答えてくださり、岩から水を湧き出させ、うずらを飛んでこさせて肉をイスラエルの民に与え、燃える蛇に噛まれた者は、モーセがつくった青銅の蛇を見上げれば生きるようにしてくださいました。この世の不平不満に目をとめると、神のみこころから離れてしまいますが、神は手を差し伸べてくださり、道を開いてイスラエルの民を呼び寄せてくださり、この世のものではなく神に属するものを見るようにしてくださる時、イスラエルの民の中に神にある平安、平和がよみがえりました。

次に、「義のために迫害されている者は幸いです」というみ言葉と、「空の鳥を見なさい。野のゆりを見なさい。空の鳥、野のゆりを見て、何を食べようか、何を飲もうか、何を着ようか、などと心配したりしてはいけません」という主イエス・キリストの教えのみ言葉との関連を学びます。

主イエス・キリストと共に生命の道を歩むキリストの弟子は、生命の道の歩みの第三ステージ、収穫の歩みの第二の門にまでやって来ました。いよいよ、み言葉と使命の種が実を結んだその良き収穫を、生ける神、主に感謝の捧げ物として捧げると同時に、キリストの弟子の属する人の集団、人の組織体のメンバーに分配する時が来たのです。

この時、人の組織体の長であるキリストの弟子がまず最初に行わなければならないことは、栄光を主に帰し、生ける神、主に感謝することです。生ける神、主に収穫の中の最良のものを捧げて栄光を主に帰し、感謝の心を表す時、生ける神、主は、その捧げ物を喜んで受け入れてくださり、収穫と感謝の時を祝してくださいます。

聖書の教えに従えば、すべての収穫の十分の一は神のものであるとされています。すべての収穫の十分の一を神に捧げて、生ける神、主への感謝を表す時、生ける神、主は、収穫したすべてのものを祝してくださいます。収穫の十分の一を神に捧げて感謝することによって、生ける神、主が天から豊かな恵みを注ぎ、その感謝の捧げ物をした者を豊かな祝福で満たしてくださるかどうか「わたしをためしてみよ」と仰せになります（マラキ書三章一〇節）。神の恵みを豊かにいただくために、生ける神、主に収穫の十分の一をお捧げして、生ける神、主の恵みの中を歩みましょう。

さて、収穫に感謝し、その十分の一を神に捧げる時は、また試練の時でもあります。良い収穫を得る時もあれば、収穫が乏しい時もあるのです。生ける神、主への感謝を捧げる時の心構えについて、「空の鳥を見なさい。野のゆりを見なさい。空の鳥、野のゆりを見て、何を食べようか、何を飲もうか、何を着ようか、などと心配したりしてはいけません」というイエス・キリストの教えの言葉があるのです。

何を食べようか、何を飲もうか、何を着ようかと心配することは、この世の人との比較に心が移っているのです。隣の人は良いものを食べている、良い飲み物を飲んでいる、良い着物を着ていると考え始めると、自分たちも隣人と同じ良い食べ物や良い飲み物、良い着物が欲しくなります。一度良いものが手に入ると、その次はさらに良いものが欲しくなり、人の欲にはきりがありません。このような欲を満たそうとして、生ける神、主への十分の一の捧げ物が疎かになったりするのです。

イスラエルの民の中にはレビ人がいて、彼らは神に仕えることが仕事で、通常の働きはいたしません。生ける神、主は、レビ人を十二分に養っていかなければなりません。そのために、イスラエルの十一部族の一人一人から十分の一の捧げ物を得て、それをレビ人に与えるよう定められたのです。神に仕える人たちは、神に仕えることによって報酬を得ますが、その報酬の源は、イスラエルの十一部族の一人一人が捧げる十分の一の捧げ物なのです。イスラエルの民にとって、神に仕えるレビ人はまさに空の鳥のような存在であって、通常の働きには従事せず、神に仕える働きによって報酬を得ているのです。イスラエルの民一人一人が十分の一を捧げる時、レビ人は十分な報酬を得ることができるのです。イスラエルの民のうち一人が生ける神、主への十分の一の捧げ物を惜しめば、その分だけ、神に仕える人たち、レビ人にトラブルが起きるのです。

また、イスラエルの民の中には在留異邦人がいたり、奴隷となって仕える人たちもいるのです。神の目から見れば、野のゆりのような人たちです。イスラエルの民一人一人が、生ける神、主への感謝の心の表れとして十分の一を捧げる時、そのイスラエルの民一人一人の心の中には、生ける神、主への感謝の心で満ちます。生ける神、主への感謝の心を持つ者は、自分の収穫を得るために労してくれた在留異邦人や奴隷となって仕える人の努力に報いることを忘れません。もし誰かが隣人の食べ物や飲み物、着物を見てうらやましくなり、生ける神、主への捧げ物を惜しんだり、在留異邦人や奴隷たちへの報酬を惜しんだりするならば、神の祝福はその人から離れ、その人はトラブルを招くことになるのです。

収穫の時、生ける神、主に栄光を帰し、感謝の捧げ物をする時は、人の集団、人の組織体のメンバー一人一人にとって、自分自身を思う心との戦いの時となるのです。生ける神、主の栄光を拝し、主のみ名によって宣言されるみ声を聞いたモーセは、何の迷いもなく生ける神、主に栄光を帰すことができます。しかし、イスラエルの民が神の山シナイをあとにして、約束の地、乳と蜜の流れる地カナンを目指して前進していく途中で、生ける神、主がモーセだけを特別扱いしたことを不満に思い、モーセの一番身近な者であったアロンとその姉ミリヤムさえもが、モーセとその妻チッポラのことで非難し、そしてそのことで神からお叱りを受けます。

神の山シナイを発ってツィンの荒野に着いた時、そこには水がなかったので、イスラエルの民は集まってモーセとアロンとに逆らいました。

「ああ、私たちの兄弟たちが主の前で死んだとき、私たちも死んでいたのなら。なぜ、あなたがたは主の集会をこの荒野に引き入れて、私たちと、私たちの家畜をここで死なせようとするのか。なぜ、あなたがたは私たちをエジプトから上らせて、この悪い所に引き入れたのか。ここは穀物も、いちじくも、ぶどうも、ざくろも育つような所ではない。そのうえ、飲み水さえない。」モーセとアロンは集会の前から去り、会見の天幕の入口に行ってひれ伏した。すると主の栄光が彼らに現れた。主はモーセに告げて仰せられた。「杖を取れ。あなたとあなたの兄弟アロンは、会衆を集めよ。あなたがたが彼らの目の前で岩に命じれば、岩は水を出す。あなたは、彼らのために岩から水を出し、会衆とその家畜に飲ませよ。」

そこでモーセは、主が彼に命じられたとおりに、主の前から杖を取った。そしてモーセとアロンは岩の前に集会を召集して、彼らに言った。「逆らう者たちよ。さあ、聞け。この岩から私たちがあなたがたのために水を出さなければならないのか。」モーセは手を上げ、彼の杖で岩を二度打った。すると、たくさんの水がわき出たので、会衆もその家畜も飲んだ。しかし、主はモーセとアロンに言われた。「あなたがたはわたしを信ぜず、わたしをイスラエルの人々の前に聖なる者としなかった。それゆえ、あなたがたは、この集会を、わたしが彼らに与えた地に導き入れることはできない。」これがメリバの水、イスラエル人が主と争ったことによるもので、主がこれによってご自身を、聖なる者として示されたのである。

（民数記二〇章三―一三節）

イスラエルの民は、神の山シナイから約束の地カナンに行く途中でも、生ける神、主と争い、モーセとアロンに逆らいました。その理由の第一は、飲む水がないということでした。生ける神、主は、モーセが杖で岩をたたくことによって、岩から水を湧き出させ、ご自身が全知全能の神であられ、イスラエルの民と約束の地へ上られる方であることを示されました。
生ける神、主は、イスラエルの民に生命の水、決して渇くことのない水をあらかじめ用意して、それをイスラエルの民に与えようとしておられるのに、モーセとアロンはそのことをイスラエルの民に説得できませんでした。信じていても、目に見て、手に触れて、その存在を確認するまでは、民は従わないのです。生ける神、主は、目に見えない存在です。しかし、生ける神、主に祈り求める時、力強い腕を伸ばして、救いの手を差し伸べてくださるのです。このことを身をもって体験することが、イスラエルの民の荒野の四十年の旅の学びであったのです。

また、イスラエルの民は途中でまた我慢ができなくなり、民は神とモーセに逆らって言いました。

「なぜ、あなたがたは私たちをエジプトから連れ上って、この荒野で死なせようとするのか。パンもなく、水もない。私たちはこのみじめな食物に飽き飽きした。」そこで主は民の中に燃える蛇を送られたので、蛇は民にかみつき、イスラエルの多くの人々が死んだ。民はモーセのところに来て言った。「私たちは主とあなたを非難して罪を犯しました。どうか、蛇を私たちから取り去ってくださるよう、主に祈ってください。」モーセは民のために祈った。すると、主はモーセに仰せられた。「あなたは燃える蛇を作り、それを旗ざおの上につけよ。すべてかまれた者は、それを仰ぎ見れば、生きる。」モーセは一つの青銅の蛇を作り、それを旗ざおの上につけた。もし蛇が人をかんでも、その者が青銅の蛇を仰ぎ見ると、生きた。

（民数記二一章五―九節）

生ける神、主が共に歩んでいてくださっていても、イスラエルの民は神とモーセに逆らいました。生ける神、主がお与えくださるマナに飽き飽きしたということでした。「何を食べようか、何を飲もうか、何を着ようか、などと心配したりしてはいけません」という主イエス・キリストの教えですが、生ける神、主がお与えくださるみ言葉の糧や、決して渇くことのない生命の水に対しても、そのことが長く続くと、人はいろいろとつぶやき、不平を言い、人の上に立つ長に非難の言葉を浴びせるのです。聖書は、「衣食があれば満足すべきです」と教えます。衣食については、生ける神、主が責任を負ってくださり、主に従う者が衣食に欠けることはないのです。

生ける神、主は、モーセやアロンに向かって発するイスラエルの民の非難の言葉に対し、彼らの中に燃える蛇を送られました。そのため、イスラエルの民の多くの人が死にました。このため、イスラエルの民はモーセのところに来て、モーセやアロンを非難したことを悔い改め、生ける神、主にとりなしの祈りをしてくれるよう願います。モーセが民のために祈ると、主は、「あなたは燃える蛇を作り、それを旗ざおの上につけよ。すべてかまれた者は、それを仰ぎ見れば、生きる」と仰せられました。そして、蛇が人を噛んでも、その者が青銅の蛇を仰ぎ見れば生きました。

人はついこの世の欲に引かれて、「おいしいものを食べたい」「おいしいものを飲みたい」「きれいな着物を着たい」と求め、この世のものを求めて夢中になっているうちに、生ける神、主から目を離し、この世のものに目も心も奪われて、生ける神、主に背を向けて歩む罪を犯します。主イエス・キリストと共に歩むキリストの弟子の生命の道の第三ステージ、収穫の歩みの第二の門に来て、生ける神、主に感謝の捧げ物をしなければならない時になっても罪を犯し、生命を失う者もいるのです。

しかし、生ける神、主は、モーセが荒野で青銅の蛇を作って旗ざおの上につけたように、主イエス・キリストを十字架の上におつけになりました。そして、生ける神、主に背を向けて歩み、罪を犯した人であっても、十字架の上で贖いとなってくださった主イエス・キリストを仰ぎ見れば、その罪は赦され、生きた者となる、すなわち、主イエス・キリストを通し、生ける神、主とのお交わりを再開し、生ける神、主にあって生きる者とされる道をお開きくださったのです。

このような素晴らしい恵みの中を生かされ、主イエス・キリストと共に生命の道を歩むことを許されたキリストの弟子ですから、収穫の十分の一を捧げて、生ける神、主に感謝し、収穫の時を、生ける神、主と共に喜ぶ時を過ごしましょう。

12「わたしのために、ののしられたり、迫害されたり、
また、ありもしないことで悪口雑言を言われたりするとき、
あなたがたは幸いです」

この章の表題のみ言葉に「わたしのために」という言葉がありますが、「わたしの教えのために」、すなわち、主イエス・キリストの教え、山上の垂訓に隠された生命の道の教えの実践、実行、実証に励んで、主イエス・キリストと共に生命の道を歩み、生命の道の第三ステージ、収穫の歩みの第三の門にまで歩んできた時、という意味です。主イエス・キリストの教え、山上の垂訓本体の教えの中に隠された生命の道は、神の言葉「十戒」と旧約聖書の律法を一歩一歩成就して歩む道であり、罪と世とサタンの支配するこの世において、神に喜ばれる仕事の種蒔き、育成結実を通し、神の力と助けをいただいて良き実を結ぶ道であり、サーバント・リーダーシップに徹して、人の組織体の充実強化を図ると同時に、社会に有用有益な事業体として光を放つ働きをすることです。

主イエス・キリストと共に歩む生命の道の第三ステージ、収穫の歩みの第三の門では、この世の力が最後の力を振り絞って反撃をしてくるのです。生ける神、主の栄光を拝し、主のみ名によって宣言されるみ声を聞いたキリストの弟子は、生ける神、主の霊に満たされ、心の内に平安と喜びをいただき、主イエス・キリストの教えのみ言葉に導かれて、サーバント・リーダーシップに徹して、生命の道の収穫の歩みに、主イエス・キリストと共に全身全霊を挙げて取り組んでいるのです。その時、キリストの弟子の前に、生命の道の第三ステージの第三の門が現れます。

第三の門の中央には、「わたしのために、ののしられたり、迫害されたり、また、ありもしないことで悪口雑言を言われたりするとき、あなたがたは幸いです」というみ言葉が刻まれています。また第三の門の左右の門柱には、「あなたの右の頬を打つような者には、左の頬も向けなさい。あなたを告訴して下着を取ろうとする者には、上着もやりなさい。あなたに一ミリオン行けと強いるような者とは、いっしょに二ミリオン行きなさい」という主イエス・キリストの教えのみ言葉と、「自分の敵を愛し、迫害する者のために祈りなさい」という主イエス・キリストの教えのみ言葉が刻まれています。聖書に従い、主イエス・キリストの教えのみ言葉の全文を記します。

12「わたしのために、ののしられたり、迫害されたり、
また、ありもしないことで悪口雑言を言われたりするとき、
あなたがたは幸いです」

マタイの福音書五章一一―一二節

わたしのためにして人々があなたがたをののしり、迫害し、ありもしないことで悪口を浴びせるとき、あなたがたは幸いです。喜びなさい。喜びおどりなさい。天ではあなたがたの報いは大きいから。あなたがたより前にいた預言者たちを、人々はそのように迫害したのです。

マタイの福音書五章三八―四二節

「目には目で、歯には歯で」と言われたのを、あなたがたは聞いています。しかし、わたしはあなたがたに言います。悪い者に手向かってはいけません。あなたの右の頰を打つような者には、左の頰も向けなさい。あなたを告訴して下着を取ろうとする者には、上着もやりなさい。あなたに一ミリオン行けと強いるような者とは、いっしょに二ミリオン行きなさい。求める者には与え、借りようとする者は断らないようにしなさい。

マタイの福音書五章四三―四七節

「自分の隣人を愛し、自分の敵を憎め」と言われたのを、あなたがたは聞いています。しかし、わたしはあなたがたに言います。自分の敵を愛し、迫害する者のために祈りなさい。それでこそ、天におられるあなたがたの父の子どもになれるのです。天の父は、悪い人にも良い人にも太陽を上らせ、正しい人にも正しくない人にも雨を降らせてくださるからです。自分を愛してくれる者を愛したからといって、何の報いが受けられるでしょう。取税人でも、同じことをしているではありませんか。また、自分の兄弟にだけあいさつしたからといって、どれだけまさったことをしたのでしょう。異邦人でも同じことをするではありませんか。

主イエス・キリストと共に生命の道を歩むキリストの弟子の歩みの第三ステージ、収穫の歩みは、キリストの弟子が生ける神、主の栄光を拝し、主のみ名によって宣言されるみ声を聞き、生ける神、主の霊に満たされ、生ける神、主に

12「わたしのために、ののしられたり、迫害されたり、
また、ありもしないことで悪口雑言を言われたりするとき、
あなたがたは幸いです」

あって生きる者につくり変えられて、再びキリストの弟子の属する人の集団、人の組織体に改めて遣わされることから始まります。

生ける神、主の霊に満たされたキリストの弟子は、生命の道の歩みの第三ステージ、収穫の歩みで、サーバント・リーダーシップに徹した歩みをいたします。サーバント・リーダーシップとは、生ける神、主の霊に満たされ、守られ、導かれていることによりその実践、実行に励むことが可能になるもので、主イエス・キリストと似た者となるべく努力をすることです。また、収穫の時は、良い実と悪い実をふるいにかけて選り分ける時ですが、良い働き人と悪い働き人を見分けるため、サーバント・リーダーシップに徹して部下の足を洗い、部下の働きのミスや失敗をカバーし、部下の働きをサポートすることによって、部下の働きの本質を見極め、部下の中に混ざっている、生ける神、主の働きに従うことができない人を見出し、選り分ける時でもあります。

また種蒔き、育成結実の時には、「さばいてはいけません。さばかれないためです」という教えのみ言葉に従って、清濁併せ呑んで、み言葉と使命の実践、実行に励んできましたが、収穫の時には、「にせ預言者たちに気をつけなさい。あなたがたは、実によって彼らを見分けることができます」との教えのみ言葉に導かれて、人の集団、人の組織体の中に潜む不平不満を代表するようなかたちで、キリストの弟子に反逆してくる、生ける神、主に従い切ることのできない、にせ預言者である指導者たちを、神の力によって取り除いていただき、人の集団、人の組織体の中に、生ける神、主にある平安を生み出す時でありました。

また収穫の時は、人の組織体の外部から誘いが起きる時であり、外部からの誘いに乗せられ、この世のものに引き寄せられて、生ける神から目を離してしまう者も出現いたします。「だれも、ふたりの主人に仕えることはできません。神にも仕え、また富にも仕えるということはできません」との教えのみ言葉に導かれ、人の組織体外からの誘いを退けねばなりません。

生ける神、主は、モーセに青銅の蛇を作らせ、その蛇を旗ざおの上に掲げ、神に罪を犯した者でも、その蛇を仰ぎ見れば生きました。生ける神、主は、神の言葉に従い切ることのできない人の弱さをよく知っておられ、神に背を向けて歩んで罪を犯した者でも、神に立ち返る道を開いてくださっているのです。生ける神、主のご愛を信じ、主の前に罪を示された時は、主イエス・キリストの十字架

12「わたしのために、ののしられたり、迫害されたり、
また、ありもしないことで悪口雑言を言われたりするとき、
あなたがたは幸いです」

の死と復活を仰ぎ見て、生命に生きるものとなりましょう。

また、「空の鳥を見なさい。野のゆりを見なさい。空の鳥、野のゆりを見て、何を食べようか、何を飲もうか、何を着ようか、などと心配したりしてはいけません」という教えのみ言葉に導かれて、キリストの弟子をはじめ、み言葉と使命の実践、実行に励む人たちの衣食は、生ける神、主が責任をもってお与えくださることを信じ、生ける神、主への感謝をまず優先し、与えられたものの十分の一を神への感謝としてお捧げする時に、生ける神、主は残ったものを豊かな恵みをもって祝福してくださいます。

この時、主イエス・キリストと共に生命の道を歩むキリストの弟子に対し、暴力に訴えて右の頬を打ってくる者がいます。収穫の歩みの第一の門で、生ける神、主に背を向けて歩んだ者として指導者たちの中から外された者か、収穫の配分について不満に思う人たちです。また、キリストの弟子の属する人の集団、人の組織体の様子を見ている外部の人々は、キリストの弟子が属する人の集団、人の組織体が次第に整えられ、力を増して、周囲の人々を呑み込むほどに勢力を拡大してくるのに恐れを覚え、まず力ずくでキリストの弟子たちを襲ってくるのです。主イエス・キリストは、「あなたの右の頬を打つような者には、左の頬も向けなさい」と教えられます。暴力に訴えるような者に負けてはなりません。

暴力に訴える者は、この世のこと以外に何も見ていないのです。しかし、この世に属することも、目に見えない神に属することもご支配しておられる生ける神、主は、神の言葉「十戒」と旧約聖書の律法、さらに主イエス・キリストの教え、山上の垂訓の中に隠された生命の道の教えによって、生命の道に歩むことを可能にしてくださっているのです。暴力に負けては、生ける神、主と共に歩むことはできません。キリストの弟子は主イエス・キリストと共に歩み、生ける神、主の霊に満たされているのです。暴力に訴えるような者と妥協してはなりません。

生ける神、主の霊に満たされたキリストの弟子が左の頬をも差し出す時、その人はもう暴力に訴えることはできません。キリストの弟子を打つのではなく、生ける神、主を打つことになるからです。暴力に訴える者はただ不満を感情的に表しただけで、その不満の内容を言葉に表すことができない人たちです。もし左の頬をも打ってくるような者は、神の敵対者となり、神のさばきに遭うこととなる

12「わたしのために、ののしられたり、迫害されたり、
また、ありもしないことで悪口雑言を言われたりするとき、
あなたがたは幸いです」

のです。生ける神、主を信じ、主イエス・キリストの教えに従い、前進しましょう。

次に、キリストの弟子を告訴してまで「下着をよこせ」と迫る者がいます。「あなたを告訴して下着を取ろうとする者には、上着もやりなさい」。主イエス・キリストの教えです。告訴してまで下着を取ろうとする者とは、正当な理由があって「下着をよこせ」と言っているのです。この世のものはいつかなくなっていくもので、なくなっていくものにこだわることはないのです。正当な理由をもって下着を取ろうとする者には、倍するものを差し出し、上着もあげてしまいなさい。そうすれば、その人はそれ以上のことはもう要求できなくなります。

また、「一ミリオン行け」と言う人も出現します。「あなたに一ミリオン行けと強いるような者とは、いっしょに二ミリオン行きなさい」というのが主イエス・キリストの教えです。「一ミリオン行け」とは、無理強いしてでも「一緒に来い」ということです。何の目的で「一緒に一ミリオン行け」と言っているのかわかりません。しかし、生ける神、主に関連することでないことだけは確かです。

この世のことは、どんなにおいしいごちそうを食べたり、どんなに楽しい遊びをしたりしても、そこに何かあるということではありません。二ミリオン共に行って、その人の思いをよく知れば、それ以上のことはないのです。この世の人の求めは、この世の人の求めとして受け入れ、それにふさわしく対処する時、生ける神、主が、それから先どうすればよいか導いてくださいます。この世の人の求めは、この世のものです。この世のものを求められるなら、そこに正当な理由があるならば、倍するものを差し出しなさい。そうすれば、この世の人はもう新しい要求をすることができなくなるのです。

主イエス・キリストはさらに教えます。「求める者には与え、借りようとする者は断らないようにしなさい」。この世の人の求めは、この世のものです。この世のものより神に属するものを大切にすることが、主イエス・キリストと共に生命の道を歩むキリストの弟子の歩みです。この世のもので争いを起こしたり混乱を起こしたりすることは、神のみこころに添うことではないのです。

次に、「わたしのために、ののしられたり、迫害されたり、また、ありもしないことで悪口雑言を言われたりするとき、あなたがたは幸いです」という生命の

12「わたしのために、ののしられたり、迫害されたり、
また、ありもしないことで悪口雑言を言われたりするとき、
あなたがたは幸いです」

道の歩みの第三ステージ、収穫の歩みの第三の門の中央に刻まれているみ言葉と、「自分の敵を愛し、迫害する者のために祈りなさい」という第三の門の左側の門柱に刻まれている主イエス・キリストの教えのみ言葉との関連を学びます。

主イエス・キリストと共に歩むキリストの弟子の生命の道の歩みの第三ステージ、収穫の歩みの第三の門では、キリストの弟子にとって最後の試みである「十字架の死と復活」が待っています。この世の生命は、この世の長でありこの世を支配するサタンに委ねられており、生ける神、主は、この世も、目に見えることのない神の世界をもご支配されているのです。永遠のいのちとは、目に見ることのできない霊の世界で、生ける神、主と結びつき、この世を去ったあとにも永遠の平安と喜びの中で生き、生命の書に名が記され、神の子となる幸いを得ることです。主イエス・キリストと共に歩む生命の道の収穫の歩みの最後には、キリストの弟子と、この世を支配することを神より委ねられたサタンとの対決が待っているのです。神に属する事柄と、サタンが支配しているこの世に属する事柄とは、決して相容れることがないのです。

さて、生命の道の収穫の歩みでの第三の門でキリストの弟子を待ち受けている

「十字架の死と復活」は、この世の長、サタンの会衆である一般社会を支配している人々、イスラエルの民の場合は、律法学者、パリサイ人たちですが、キリストの弟子が属する人の集団、人の組織体を認めることができず、人の集団、人の組織体の長であるキリストの弟子をこの世から取り除こうとすることによって起こるものです。

このようなキリストの弟子の「十字架の死と復活」は、生命の道の歩みの第三のステージ、収穫の歩みの第三の門では避けることができないものです。この世の長、サタンの会衆の働きを最大限のものとし、この世の長、サタンの会衆の働きのうちの最大のものである、キリストの弟子を十字架につけて殺すという事実を通し、この世の長、サタンの会衆の働きに対して、生ける神、主がさばきを下す時なのです。生命の道の歩みの最後には、火のような試練がキリストの弟子を待ち構えているのです。「十字架の死と復活」という、火の中をくぐり抜けるような試練に臨むキリストの弟子に対し、主イエス・キリストは、「自分の敵を愛し、迫害する者のために祈りなさい」と教えられます。

「十字架の死と復活」に臨まんとするキリストの弟子は、生ける神、主の栄光を

12「わたしのために、ののしられたり、迫害されたり、
また、ありもしないことで悪口雑言を言われたりするとき、
あなたがたは幸いです」

拝し、主のみ姿を仰ぎ見て、また主のみ名によって宣言されるみ声を聞き、その心の中は生ける神、主の霊に満たされ、全身全霊を挙げてキリストの弟子の属する人の集団、人の組織体を、生ける神、主に喜ばれるものとすべく努力しているのです。この世の長、サタンの会衆である律法学者やパリサイ人たちはこの世の支配者で、神のみ名によってこの世を支配していると主張いたします。しかし、この世の支配者である律法学者やパリサイ人が編み出した、神の言葉「十戒」と旧約聖書の律法を実践、実行する教えは人間的な限界を持ったもので、神の言葉「十戒」と旧約聖書の律法を曲解し、人間的な基準で割り引きして実践、実行する教えとなってしまったのです。このような教えは、生ける神、主がイスラエルの民に求めたものとは似ても似つかない、神に喜ばれることのない教えとなってしまったのです。

主イエス・キリストの教え、山上の垂訓に隠された生命の道の教えは、その歩む一歩一歩に主イエス・キリストの二つの教えがあり、その教えの言葉と共に生ける神、主の霊が働き、種蒔きの歩み、育成結実の歩み、収穫の歩みを通して良き実を結び続けることができる教えであることを、主イエス・キリストが実証してくださいました。また、主イエス・キリストに従ったキリストの弟子たちが、世々にわたって実証してきた実証済みの教えであり、歩みなのです。主イエス・キリストの教え、山上の垂訓に隠された生命の道の教えこそ、神に喜ばれ、生ける神、主の働きが共にあり、良き実に欠けることのない教えなのです。

しかし、この世の長、サタンの会衆である律法学者やパリサイ人は、自分たちがつくり上げた教えにこだわり、生ける神、主が共に働いてくださる主イエス・キリストの教え、山上の垂訓に隠された生命の道の教えを受け入れることができないばかりか、その教えをののしり、迫害し、ありもしないことを投げつけ、主イエス・キリストを十字架につけて殺したばかりか、世々にわたって主イエス・キリストに従ってきたキリストの弟子たちを殺してきたのです。祭司長、律法学者やパリサイ人たち、イスラエルの民の指導者たちは、自分たちが編み出した神の言葉「十戒」と旧約聖書の律法に関する教えとその実践、実行に対して、全く様相を異にする主イエス・キリストの教え、山上の垂訓に隠された、神の力と助けを前提とした生命の道の教えを受け入れることは、すなわち、自分たちに与えられている社会的地位を失うことであるため、絶対に受け入れることができませ

12「わたしのために、ののしられたり、迫害されたり、
また、ありもしないことで悪口雑言を言われたりするとき、
あなたがたは幸いです」

ん。そのため、あること、ないこと、すべて投げつけ、主イエス・キリストをののしり、迫害します。最後には、主イエス・キリストを捕らえて、十字架の上で殺してしまいます。新しい教えをもたらした張本人である主イエス・キリストを殺せば、その教えは廃れると考えたからでした。

しかし、生ける神、主の力は主イエス・キリストと共にあり、三日目に主イエス・キリストを冥府から復活させ、神の右の座に着座させるとともに、三年半の公生涯の間中、主イエス・キリストの心の中に宿り、主イエス・キリストを守り導き、あらゆる奇蹟の業の原動力であった生ける神、主の霊を聖霊として弟子たちの上に臨ませ、弟子たちが主イエス・キリストの教えに従って生命の道を歩む助け主としてくださったのです。聖霊を受けた弟子たちは、主イエス・キリストの教え、山上の垂訓に隠された生命の道の真意を悟り、勇躍、世界宣教の働きのために全世界に向けて旅立っていったのです。

生命の道の最後の門である、収穫の歩みの第三の門では、「十字架の死と復活」は避けて通ることはできないものです。この時、主イエス・キリストは、「自分の敵を愛し、迫害する者のために祈りなさい」と教えられました。火のような試練をくぐり抜けるためには、生ける神、主の力を最大限にいただかねばなりません。生ける神、主のみこころと一体になることが必要で、自分中心の心、この世に属するものを思う心が微塵もあってはなりません。

この世に属するものを思い慕う心をすべて捨て去り、自分を殺してこの世から抹殺しようとする、この世の長に心を売り渡してしまった人たちの中にも、悔い改めて神に立ち返る人がいることを知って、救いの手を差し伸べておられる生ける神、主のみこころを自分の心として、迫害する者に対しても、悔い改めて生ける神、主に立ち返り、真の生命を得る者となるよう祈る時、キリストの弟子の心の中から自分中心の心が全く消え去り、生ける神、主の霊の力が最大限に発揮され、火のような試練を主イエス・キリストと共にくぐり抜けることができるのです。

12「わたしのために、ののしられたり、迫害されたり、
また、ありもしないことで悪口雑言を言われたりするとき、
あなたがたは幸いです」

生命の道の歩み・第四ステージ

「総合管理の歩み」　第一の門

13「地の塩」

生命の道の総合管理、経理、経営の歩みには、「地の塩」の門と「世の光」の門の二つだけがあります。「地の塩」の門の中央には「地の塩」とだけ刻まれており、そのみ言葉の下に「あなたがたは、天の父が完全なように、完全でありなさい」という教えのみ言葉が刻まれています。聖書に従ってみ言葉を記します。

マタイの福音書五章一三節

あなたがたは、地の塩です。もし塩が塩けをなくしたら、何によって塩けをつけるのでしょう。もう何の役にも立たず、外に捨てられて、人々に踏みつけられるだけです。

マタイの福音書五章四八節

だから、あなたがたは、天の父が完全なように、完全でありなさい。

この世の苦しみと悲しみの中から、生ける神、主に叫び求めたキリストの弟子が、生ける神、主との出会いを体験し、神のみこころであるみ言葉と使命を、生ける神、主にある権威と力を添えて賜りました。み言葉と使命を権威と力を添えていただいたキリストの弟子は、み言葉と使命を携えて、自分の属する人の集団、人の組織体に帰り、主イエス・キリストと共に生命の道を歩みつつ、キリストの弟子の属する人の集団、人の組織体をリードし、生ける神、主に喜ばれる人の集団、人の組織体をつくり上げ、その人の集団、人の組織体を通し、神の栄光が輝く神の業、み言葉と使命の実践、実行、実証に励み、神の力と助けをいただいて良き実を結ばせるのです。「地の塩」とは、生ける神、主より、神のみこころであるみ言葉と使命を権威と力を添えていただき、主イエス・キリストと共に生命の道を歩み、神の業に励んで良き実を結ばせ、神に栄光を帰すことができるまで努力することをやめない、主と共に歩むキリストの弟子のことです。

「地の塩」とは、生ける神、主より、神の言葉「十戒」と旧約聖書の律法を、神の力と助けをいただきつつ、一歩一歩神のみこころに従って歩み、良き実を結ばせる、生命の道の教えの言葉の体系を神より委ね託され、世に遣わされた主イエス・キリストが三年半の公生涯を歩む姿ですが、モーセが神の山ホレブで、イスラエルの民をエジプトから脱出させる使命を授かり、イスラエルの民の先頭に立って歩むモーセの姿でもあります。

モーセは四十年間、パロ王の王宮で育ちましたが、自分がイスラエル人であることを知り、イスラエル人を虐待して苦役を強いるエジプト人からイスラエル人を救い出したいと願いました。町に出て、イスラエル人を虐待しているエジプト人を殺し、砂に埋めました。また、町の中で互いに争っているイスラエル人を見て仲裁に入りましたが、「お前は人殺しだ。私たちも殺そうとするのか」と反論されてしまいます。イスラエルの民からも受け入れられず、パロ王からは追っ手を差し向けられ、モーセは荒野に逃れます。人の思いで行ったことは、この世の反撃を受け、何一つ良いことが起こらないだけでなく、この世に身の置きどころがなくなってしまうのです。

モーセはシナイの荒野に逃げ、四十年をそこで暮らします。荒野の四十年の中にあっても、イスラエルの民をエジプト人の手から救い出したいとの願い求めが消えなかったモーセを、生ける神、主はご覧になって、燃える柴の箇所で、生ける神、主の使いがモーセに現れ、モーセに、イスラエルの民をエジプトの地から脱出させる使命をお与えになります。み言葉と使命を、生ける神、主にある権威と力を添えていただいたモーセは、権威の象徴である杖を手にエジプトに下っていきます。

神のみこころであるみ言葉と使命の実践、実行、実証は、モーセが苦しみと悲しみを体験したこの世において行われることで、この世の反撃があることは想定内のことです。モーセに助け手としてアロンが与えられ、モーセとアロンはイスラエルの民の指導者として、エジプト人の王パロとその部下たちと対決をいたします。生ける神、主が共にいてくださるモーセとアロンに率いられたイスラエルの民は、神の力と助けによって二つに分けられた紅海を歩いて渡り、エジプトを脱出いたします。モーセとアロンに率いられたイスラエルの民の歩みの第一歩は、隷従の生活からの解放、自主性、主体性の回復です。生ける神、主はモーセに対し、イスラエルの民をエジプトから脱出させ、約束の地、乳と蜜の流れるカナンの地に導き上れと命じられました。

エジプトを脱出したモーセとアロンに率いられたイスラエルの民の前には、四十年の荒野の旅路が待っていました。自立性、主体性を回復したイスラエルの民が、生ける神、主に喜ばれる民になるための準備と訓練の期間でした。モーセとアロンに率いられたイスラエルの民は、水も食べ物もない荒野で四十年を過ごしました。生ける神、主は、約束の地へイスラエルの民を導き入れるにあたり、イスラエルの民を、神のみこころを知り、神のみ旨にかなう働きをする民とするため、荒野で訓練の時を持っておられるのですから、イスラエルの民に水や食べ物、着物が必要であることはよくご承知で、あらかじめ準備をしておられました。しかし現実に、目の前で水がない、食べ物がないという場面に遭遇すると、イスラエルの民はモーセとアロンに不平不満を言い、生ける神、主に対してつぶやきました。生ける神、主はモーセに命じ、水を飲める水とし、また岩から水を湧き出させてイスラエルの民を養われました。また、天からマナを降らせ、イスラエルの民の食べ物とされました。

イスラエルの民の荒野の四十年の旅路の最大の出来事は、イスラエルの民と生ける神、主との出会いです。イスラエルの民が神の山シナイのふもとで宿営している時、生ける神、主はシナイに降りてこられ、イスラエルの民に神の言葉「十戒」を与え、またモーセを通し、神の言葉「十戒」の実践細則である旧約聖書の律法をお与えになりました。また、モーセに神の山シナイに登るように命じ、生ける神、主がイスラエルの民と共に歩むための条件であり、イスラエルの民が神の民となる条件である、神の言葉「十戒」を刻んだ石の板を与え、また生ける神、主がイスラエルの民と共に歩むために、イスラエルの民が生ける神、主に仕える仕え方について具体的にその方法をお教えになりました。

モーセが神の山シナイに登って四十日四十夜そこにいる間、イスラエルの民は不安にかられ、アロンに願って金の子牛をつくり、偶像礼拝を始めてしまいます。生ける神、主より神の言葉「十戒」を刻んだ石板をいただいて山を下りてきたモーセは、イスラエルの民が金の子牛をつくり、偶像礼拝をしているのを見て、「十戒」を刻んだ石板を山のふもとで粉々に砕いてしまいます。イスラエルの民の偶像礼拝をやめさせ、生ける神、主に立ち返らせたモーセは、イスラエルの民と生ける神、主との間に立って、とりなしをいたします。モーセは、イスラエルの民の偶像礼拝の罪を、生ける神、主がお赦しくださるよう祈り求めます。イスラエルの民の偶像礼拝の罪の償いとして、モーセ自身の名を生命の書から消し去っても結構ですと、生ける神、主と談判いたします。生ける神、主は、モーセが罪を犯したわけではないので、モーセの願い求めを聞き入れ、イスラエルの民と共に約束の地に上っていこうと、改めてお約束くださいます。

モーセはさらに生ける神、主にお願いして、「あなたのご栄光を拝させてくださいませ」と願います。生ける神、主がイスラエルの民と共に約束の地に上ってくださるということに確信を得るためでした。生ける神、主はモーセの願いを聞き入れ、モーセの前にお姿を現してくださいました。しかし、生ける神、主のみ顔を見てこの世に生命を保つ者はいないため、生ける神、主が後ろ姿を見せてモーセの前を通り過ぎられる時、ご自身の本性を生ける神、主の口で告げられました。「主、主は、あわれみ深く（merciful）、情け深い神（gracious）、怒るのにおそく（longsuffering）、恵みとまことに富み（abundant in goodness and truth）、恵みを千代も保ち、咎（iniquity）と背き（transgression）と罪（sin）を赦す者、罰すべき者は必ず罰して報いる者。父の咎は子に、子の子に、三代に、四代に」。その後ろ姿を拝し、また、生ける神、主ご自身が宣言される自らのご本性をお聞きしたモーセは、生ける神、主がイスラエルの民の偶像礼拝の罪を赦して、彼らと共に約束の地に上ってくださることを確信し、もう何の迷いもなくなり、確信に満ち、神の山シナイをあとにし、約束の地を目指してイスラエルの民を導いていきます。

しかし、神の山シナイをあとにしたあとでも、イスラエルの民はモーセに対して不平不満を言います。モーセは生ける神、主に願います。「この民を導き、約束の地に導き上げるのは、私には荷が重すぎます。私を殺してください」。生ける神、主はこのモーセの願いを聞き入れ、モーセに与えていた霊のいくらかを取って、イスラエルの民の指導者たちにお与えになりました。

イスラエルの民の指導者たちは神の霊をいただき、生ける神、主が身近な存在となってきました。すると、モーセの存在が邪魔になり、コラとダタンを首謀者とするイスラエルの民の指導者が、モーセとアロンに逆らって立ち上がり、モーセとアロンに言いました。「あなたがたは分を越えている。全会衆残らず聖なるものであって、主がそのうちにおられるのに、なぜ、あなたがたは、主の集会の上に立つのか」。

モーセとアロンは生ける神、主の前にひれ伏し、それからコラと仲間に告げました。「あしたの朝、主は、だれがご自分のものか、だれが聖なるものかをお示しになり、その者をご自分に近づけられる。主は、ご自分が選ぶ者をご自分に近づけられるのだ。こうしなさい。コラとその仲間のすべてよ。あなたがたは火皿を取り、あす、主の前でその中に火を入れ、その上に香を盛りなさい。主がお選びになるその人が聖なるものである。レビの子たちよ。あなたがたが分を越えているのだ」。

翌朝、コラが全会衆を会見の天幕の入り口に集めて、ふたりに逆らわせようとしたその時、主の栄光が全会衆に現れました。そして地は口をあけて、コラとダタンとアビラム、彼らとその家族、またコラに属するすべての者、すべての持ち物を呑み込みました。彼らと彼らに属する者は、生きながらよみに下り、地は彼らを包んでしまい、彼らは集会の中から滅び去りました。また、主のところから火が出て、香を捧げていた二百五十人を焼き殺しました。

また、さらに進んでツィンの荒野に来た時、そこには水がありませんでした。イスラエルの民はモーセとアロンに逆らって言いました。「ああ、私たちの兄弟たちが主の前で死んだとき、私たちも死んでいたのなら。なぜ、あなたがたは主の集会をこの荒野に引き入れて、私たちと、私たちの家畜をここで死なせようとするのか。なぜ、あなたがたは私たちをエジプトから上らせて、この悪い所に引き入れたのか。ここは穀物も、いちじくも、ぶどうも、ざくろも育つような所ではない。そのうえ、飲み水さえない」。

モーセとアロンは、生ける神、主の前にひれ伏し、導きを求めました。そして生ける神、主はモーセに、杖で岩を打てと命じました。モーセは杖で岩を二度打って水を湧き出させ、会衆と家畜たちに飲ませました。

イスラエルの民が約束の地を目指してさらに前進し、ホル山からエドムの地を迂回して葦の海の道に旅立ちました。しかし、イスラエルの民は途中で我慢できなくなり、神とモーセに逆らって言いました。「なぜ、あなたがたは私たちをエジプトから連れ上って、この荒野で死なせようとするのか。パンもなく、水もない。私たちはこのみじめな食物に飽き飽きした」。そこで生ける神、主は、民の中に燃える蛇を送られたので、蛇は民に嚙みつき、イスラエルの多くの人が死にました。

イスラエルの民はモーセのところに来て言いました。「私たちは主とあなたを非難して罪を犯しました。どうか、蛇を私たちから取り去ってくださるよう、主に祈ってください」。モーセは民のために祈りました。すると、主はモーセに、「あなたは燃える蛇を作り、それを旗ざおの上につけよ。すべてかまれた者は、それを仰ぎ見れば、生きる」と仰せられました。そこでモーセは一つの青銅の蛇を作り、それを旗ざおの上につけました。すると、蛇が人を噛んでも、その者が青銅の蛇を仰ぎ見ると、生きたのです。

このようにモーセは、生ける神、主よりみ言葉と使命を権威と力とともに授かってエジプトに行き、隷従の生活を強いられていたイスラエルの民をエジプトから脱出させせました。そしてイスラエルの民は、二つに分けられた紅海を歩いて渡り、自主性、主体性を取り戻しましたが、約束の地、乳と蜜の流れるカナンの地に入る前には、イスラエルの民が神に喜ばれる民となるための準備と訓練の時である四十年の荒野の旅路が待っていました。生ける神、主に祈り求め、み言葉と使命を権威と力とともに授かって主と共に生命の道を歩むキリストの弟子にも、モーセと同じ歩みが待っています。

まず、人の集団、人の組織体の自主性、主体性を取り戻し、生ける神、主を神として、神のみこころを自由に実践、実行、実証することができるようになるための周囲の社会との戦いが待っています。神の力と助けがあり、キリストの弟子の願い求めが神に届いたのですから、苦しみと悲しみの中からの脱出、隷従の生活からの脱出は、生ける神、主が道を開いてくださいますから実現いたします。自主性、主体性を持ったキリストの弟子がリーダーである人の集団、人の組織体は、約束の地で、神に喜ばれる本来のあるべき姿の実践、実行、実証に入る前に訓練の時が持たれます。エジプトを脱出し、隷従の生活から脱出しただけでは、生ける神、主のみこころにかなう働きをすることができないのです。

生ける神、主は、イスラエルの民を荒野の四十年の旅へ導かれたように、キリストの弟子がリーダーである人の集団、人の組織体を荒野に導き、荒野の中にあっても衣食を与え、飲み水を与えてくださる生ける神、主の働きを体験をもって知るようにされます。生ける神、主の守りと導きの中を歩むなら、衣食や飲み水に不自由することはなく、良き働きに励むことができるのです。しかし、生ける神、主に喜ばれる国を建設することと、荒野の中を歩むこととは別のことで、生ける神、主が、キリストの弟子がリーダーである人の集団、人の組織体の中にお住みくださって、生ける神、主のみこころに従って歩み、神に栄光を帰す働きをする人の組織体、人の集団とするためには、生ける神、主が、キリストの弟子がリーダーである人の集団、人の組織体に求められる条件があり、その条件を満たして歩まなければ、生ける神、主の怒りに出遭うことになり、神に栄光を帰す働きができないばかりか、何の力も発揮することのできない人の集団、人の組織体となってしまうのです。

神の言葉「十戒」と旧約聖書の律法は、人の集団、人の組織体が神のみこころを行って、生ける神、主がその人の集団、人の組織体と共に住んでくださるための条件であり、また、その実践、実行における具体的実践細則が旧約聖書の律法なのです。神の言葉「十戒」と旧約聖書の律法は、生ける神、主の霊の力と助けなしには実践、実行、実証できないもので、神の山シナイをあとにしたモーセがすでに体験したように、モーセ一人がイスラエルの民全体を担うには重すぎます。イスラエルの民の不平、不満、訴えが多すぎるのです。

生ける神、主は、モーセに与えていた霊のいくらかを取って、イスラエルの民の指導者たちにお与えになり、モーセの重荷を軽くされました。すると、イスラエルの民の指導者たちがモーセとアロンに逆らって立ち上がるということが起こります。生ける神、主の霊を分けていただき、生ける神、主の存在を身近に感じるようになった民の指導者たちが、モーセやアロンの存在を邪魔に思うようになってくるのです。主と共に生命の道を歩むキリストの弟子がリーダーである人の集団、人の組織体でも、同様のことが起こるのです。生ける神、主のさばきがあり、キリストの弟子に反逆して立ち上がった者たちは、神の力によって取り除かれます。

さらに生命の道を歩んでいくと、反逆した指導者が取り除かれた人の集団、人の組織体の中における、キリストの弟子に対する不平不満が再燃します。モーセとアロンに対する不平不満、生ける神、主に対するつぶやきが消えることがなかったのと同じです。水がないと言ってモーセとアロンに不平を言い、マナに飽き飽きしたと言って生ける神、主につぶやきます。生ける神、主は、岩から水を湧き出させてイスラエルの民に飲み水を与え、また燃える蛇を送ってイスラエルの民の悔い改めを促しました。イスラエルの民は、生ける神、主につぶやいたことを悔い改めた時、生ける神、主はモーセに命じて燃える蛇を作らせ、それを旗ざおの上に掲げさせました。蛇に嚙まれた者も、旗ざおの上の蛇を見ると生きました。

主と共に歩むキリストの弟子がリーダーである人の集団、人の組織体も、事あるごとにそのメンバーがキリストの弟子に不平不満を言い、生ける神、主につぶやくのです。それがこの世に生きる人の本性であって、人の集団、人の組織体の中には、男性や女性だけでなく、生まれたばかりの赤子や、年老いた人たちがいて、すぐに限界に達し、叫び声を上げるのです。

致命的なミスや誤りではなく、多少の不平不満は、生ける神、主もやむを得ないと考えられ、ミスや失敗を犯しても、生ける神、主に立ち戻る道を開かれました。それがモーセの作った青銅の蛇です。蛇に嚙まれて死にそうになった人でも、青銅の蛇を見上げれば生きました。人の集団、人の組織体の、人に起因するミスや失敗を放置するのではなく、そこから生ける神、主に立ち返る道を開かれた生ける神、主は、イスラエルの民から罪を全く取り除こうとされたのではなく、罪を悔い改め、生ける神、主に立ち返る道を備えて、神のみこころにかなう良き働き人による国を建設しようとしておられることが、イスラエルの民すべてに知らされたのです。主と共に歩むキリストの弟子がリーダーである人の集団、人の組織体でも、そのメンバーの不平不満、生ける神、主に対するつぶやきはなくなる時はありません。致命的なミスや誤りには対処しなければなりませんが、人に起因するミスや誤りに対しては、悔い改めるならば立ち直れるチャンスを与え、ともどもに生命の道を前進することが大切です。

「地の塩」の働きとは、生ける神、主にお出会いし、み言葉と使命を権威と力を添えていただき、エジプトに下ってイスラエルの民を脱出させ、また荒野の四十年の旅路の中でイスラエルの民を導いて生ける神、主との出会いを体験させ、さらに約束の地を目指してイスラエルの民を導くモーセの働きのことです。主と共に生命の道を歩むキリストの弟子も、生ける神、主との出会いを体験し、生ける神、主からみ言葉と使命を権威と力を添えていただいて、生ける神、主のみこころであるみ言葉と使命の実践、実行、実証に励み、主イエス・キリストと共に生命の道を前進しているのです。主イエス・キリストと共に生命の道を歩むキリストの弟子は「地の塩」であって、生ける神、主より賜ったみ言葉と使命がその塩の塩けです。生ける神、主より授かったみ言葉と使命を投げ捨てたり、主イエス・キリストと共に歩む生命の道の歩みにおいて主イエス・キリストの教えから離れたりして、生ける神、主とのお交わりを捨ててしまうと、神の力と助けがキリストの弟子から離れ去ってしまいます。

生ける神、主も主イエス・キリストも、忍耐強くキリストの弟子自身のミスや誤りをカバーして、キリストの弟子が生ける神、主との交わりから離れないように守り導いてくださいますが、キリストの弟子自身がこの世の罪と世とサタンの誘いに引きずり込まれ、生ける神、主より与えられたみ言葉と使命や主イエス・キリストの教えのみ言葉を投げ捨てる時、生ける神、主の力はそのキリストの弟子から離れ去ります。神の力が離れ去ったキリストの弟子はもう何の力もなく、人々からも評価されず、人々に踏みつけられても、何一つ対応することのできない存在となってしまうのです。

さて次に、「あなたがたは、天の父が完全なように、完全でありなさい」というみ言葉について学びましょう。

生ける神、主はアブラハムを選び、アブラハムとサラを約束の地カナンを目指して旅立たせることから、イスラエルの民の救いの業を始められました。アブラハム、イサク、ヤコブを通し、生ける神、主がいかに恵み深い神であるかを表されました。そして、ヤコブとその子供たち、十二部族をエジプトの地に寄留させました。エジプトの民の圧政と苦役のもとで、イスラエルの民が生ける神、主に向かって叫び声を上げるようにさせたのです。生ける神、主に向かって叫び声を上げ、生ける神、主に向かって心から助けを求める心がないと、生ける神、主も何もなすことがおできにならないのです。

イスラエルの民の助けを求める叫び声に応え、生ける神、主はモーセを選び、イスラエルの民の指導者とされました。モーセに率いられたイスラエルの民は、エジプトを脱出し、荒野の四十年の旅をいたしました。イスラエルの民が約束の地に入る前に、生ける神、主がイスラエルの民と共に住み、イスラエルの民が神のみこころにかなう国を建設し、生ける神、主に栄光を帰す働きをするための訓練の期間である荒野の四十年の旅での最大の出来事は、神の山シナイにおけるイスラエルの民と生ける神、主との出会いです。生ける神、主は、神の言葉「十戒」と旧約聖書の律法をイスラエルの民に与えました。また生ける神、主は、ご自身がイスラエルの民の中に住むための、生ける神、主に仕える作法も、モーセを通して詳細に教えられました。神の言葉「十戒」を刻んだ石板を契約の箱に入れ、それを担いでヨルダン川を渡ったイスラエルの民は、約束の地で先住民を追い出して定住し、地境を広げ、ダビデ王、ソロモン王の時にエルサレムの神殿を建設し、最盛期を迎えました。

ソロモン王の子供の時代に、レハブアム王が課した重税のゆえに、イスラエル王国は北イスラエル王国と南ユダ王国に分裂してしまいました。そして北イスラエル王国では、金の子牛を拝む偶像礼拝が始まり、王家の婚姻を通して偶像礼拝が南ユダ王国にまで広がってしまいました。イスラエルの民の偶像礼拝の罪のゆえに、イスラエルの民のバビロン捕囚がありました。バビロン王国は偶像礼拝の国でしたが、イスラエルの民は偶像礼拝の国に連れて行かれることによって、偶像礼拝がいかに空しいものであるかを心の底から悟ります。生ける神、主はアブラハムの神、イサクの神、ヤコブの神であって、今も生きて働き、祈りに応えてくださる神であって、偶像の神は目があっても見えず、口があってもしゃべれず、耳があっても聞くことのできない、足があっても歩けない、祈り求めても何もすることのできない神であることを知って、偶像礼拝から立ち直り、生ける神、主を信ずる信仰に燃え、七十年後にエルサレムの神殿を建て直し、約束の地に帰還しました。バビロンから帰還したイスラエル人の指導者は、律法学者とパリサイ人、そして祭司長たちというユダヤ人でした。

律法学者は、神の言葉「十戒」と旧約聖書の律法を学び、研究して到達した、これを実践、実行する教えをイスラエルの民に教えました。またパリサイ人は、律法学者が教えた教えを熱心に実践、実行、実証しようとして努力した人たちでした。しかし、律法学者とパリサイ人の教えは、人として実践可能な教えをもとにしたものとなってしまい、神の言葉「十戒」と旧約聖書の律法の内容を少しずつ割り引いて、実践、実行しやすくする教えとなってしまいました。律法学者とパリサイ人の教えは、神の力や助けを全く排除した教えとなってしまい、生ける神、主がイスラエルの民に求めた神の言葉「十戒」と旧約聖書の律法の実践、実行とは似ても似つかないものとなってしまったのです。

この様子を天からご覧になっていた生ける神、主は、神の言葉「十戒」と旧約聖書の律法を、神の力と助けをいただいて、一歩一歩、成就しながら歩む生命の道の教えの言葉の体系を主イエス・キリストに委ねて世に遣わされました。主イエス・キリストは、神の言葉「十戒」と旧約聖書の律法を、神の力と助けをいただいて、一歩一歩、成就して歩む生命の道の教えの言葉の体系、山上の垂訓を、イスラエルの民や弟子たちに教えるとともに、三年半の公生涯において弟子たちの先頭に立ってご自身の教える生命の道を歩まれ、生命の道の教えの言葉一つ一つと共に神の霊があり、神の力と助けが働いて、良き実を結ぶ働きが前進することを実証されました。また、生命の道を歩み切るため、生命の道の最後に待っている十字架の死と復活にも、生ける神、主を信じ抜き、従い抜いて前進され、三日間、冥府におられましたが、三日目に復活され、天に昇り、生ける神、主の右の座に着座されました。また、生ける神、主の右の座に着座された主イエス・キリストは生ける神、主に、三年半の公生涯の間、主イエス・キリストの心の中に住んで、主イエス・キリストを守り導き、あらゆる神の業、奇蹟の原動力であったみ霊なる神を聖霊として弟子たちの上にお遣わしくださるように願い、生ける神、主も喜んでその願いを受け入れました。事実、五旬節の日、エルサレムの二階座敷で祈っていた弟子たちの上に、大音響とともに炎のように分かれた舌が弟子たち一人一人の上にとどまりました。そして、弟子たちは聖霊を受け、確信に満ちて勇躍、世界宣教を開始したのです。

生ける神、主、天の父なる神の働きは完全であり、罪と世とサタンの働きを完全に押さえ込むことができます。人の力ではとうてい及びもつかないものです。私たちキリストの弟子は、自分自身の力ではどのように努力しても完全になることはできません。しかし、聖霊の働き、聖霊の満たしを受ける時、私たちキリストの弟子自身は不完全であっても、天の父なる神、生ける神、主の完全性にあずかり、生ける神、主の完全の一部となることができます。そのためには、生ける神、主に祈り求め、み言葉と使命を権威と力を添えていただき、主イエス・キリストと共に生命の道を歩んで、一歩一歩、神の力と助け、聖霊の満たしをいただいて、神のみこころであるみ言葉と使命の実践、実行、実証に励み、神に栄光を帰す働きに邁進する以外にありません。

主イエス・キリストの三年半の公生涯の間、その心の中に住んで守り導き、十字架の死と復活にまで共に歩まれたみ霊なる神、聖霊が、キリストの弟子と共にいてくださる時、キリストの弟子は、生ける神、主の完全、主イエス・キリストの完全にあずかる者となることができるのです。

生命の道の歩み・第四ステージ

「総合管理の歩み」　第二の門

14 「世の光」（I）

主イエス・キリストは、生ける神、主を信じ、生命の道を歩み切るため、またキリストの弟子の罪の贖いをするため、十字架の上の贖いの死にまで従われました。主イエス・キリストは三日の間、冥府におられましたが、生ける神、主は主イエス・キリストを冥府の中に捨て置かず、神の力によってよみがえらせ、天に引き上げ、主イエス・キリストは生ける神、主の右の座に着座されました。

主イエス・キリストの十字架上での贖いの死は、全世界の人の罪の赦しと贖いのためですが、その実際は、主イエス・キリストを信じ受け入れ、水とみ霊のバプテスマを受けて、み霊に生きる者となり、主イエス・キリストと共に生命の道を歩むキリストの弟子の罪の贖いのためです。主イエス・キリストと共に生命の道を歩むキリストの弟子も、罪と世とサタンの支配するこの世に生きており、罪と世とサタンとの戦いの中で、主イエス・キリストの生命の道の教えに導かれ、生ける神、主の力と助けをいただいて、生ける神、主より与えられたみ言葉と使命の実践、実行、実証に励んでいますが、キリストの弟子も生命の道の歩みの中で多くのミスや誤り（罪）を犯し、主イエス・キリストの助けをいただいているのです。

そのキリストの弟子のミスや誤り（罪）の結果はどこに行ったのでしょう。それは、主イエス・キリストご自身が担って歩んでくださっていたのです。そして、キリストの弟子の犯したミスや誤り（罪）の結果は、最終的に主イエス・キリストが十字架の贖いの死によって代価を支払い、キリストの弟子は、自分の犯したミスや誤り（罪）から解放されていたのです。

主イエス・キリストと共に生命の道を歩むキリストの弟子は、主イエス・キリストの生命の道の教えに従い、キリストの弟子がリーダーである人の組織体のメンバー一人一人が犯すミスや誤り（罪）について、それをカバーし、組織体のメンバー一人一人の罪を赦し、その罪を担って歩みました。しかし、組織体のメンバー一人一人の罪を担う時、主イエス・キリストも一緒にそれを担ってくださったので、その負担はあまり重いものではありませんでした。キリストの弟子が、その人の組織体のメンバー一人一人のミスや誤り（罪）をカバーし、またその罪を担って歩んだので、その人の組織体のメンバーは自分の犯す罪の結果を負うことがなく、失敗を恐れずに常に前向きに、み言葉と使命の実践、実行、実証に励むことができました。

生命の道の歩みの最後には、キリストの弟子自身の「十字架の死と復活」が待っています。キリストの弟子は、これまで担ってきた、自分がリーダーである人の組織体のメンバー一人一人の「罪の贖いの代価」となって、キリストの弟子自身の「十字架の上で贖いの死」を遂げる時が来るのです。キリストの弟子が犯したミスや誤り（罪）は、主イエス・キリストがその罪の贖いとなって、十字架の上で贖いの死を遂げてその代価を支払ってくださったのですから、キリストの弟子も、自分の組織体のメンバー一人一人の「罪の贖い」となるべく、キリストの弟子自身の「十字架」の上について「罪の代価」とならねばなりません。

キリストの弟子が、自分の組織体のメンバー一人一人の「罪の贖い」のために、キリストの弟子自身の「十字架の上で贖いの死」を遂げてその「代価」を支払い、自分の組織体のメンバー一人一人をその犯した罪から解放する時、生ける神、主も、主イエス・キリストも、そのキリストの弟子を見捨てることはされず、神の力をもってよみがえらせ、主イエス・キリストがおられる生ける神、主のみもとに復活させてくださるのです。また、キリストの弟子の「十字架上での贖いの死」により、自分の犯したミスや誤り（罪）の束縛から全く解放された、キリストの弟子がリーダーである人の組織体のメンバーは、新しい力を得て、生ける神、主より与えられたみ言葉と使命の実践、実行、実証に、霊に燃えて邁進することができるのです。

このように、主イエス・キリストの十字架上での贖いの死によって、自分の犯したミスや誤りをカバーしていただいただけでなく、そのミスや誤り（罪）が全くなかったことにしていただいたキリストの弟子が、主イエス・キリストと共に生命の道を歩む過程において、キリストの弟子がリードする人の組織体のメンバー一人一人のミスや誤り（罪）をカバーし、それを担って歩むだけでなく、生命の道の歩みの最後に待っている「十字架の死と復活」で、組織体のメンバー一人一人の「罪の贖い」となって死に、主イエス・キリストのみそばに復活させていただいて、その「贖いの代価」を支払うことによって、キリストの弟子がリーダーである人の組織体は、一歩一歩、罪と世とサタンの働きを押さえ込み、生ける神、主の霊に燃えて働く人の組織体となっていくことができるのです。

この世は罪と世とサタンの支配下にありますが、主イエス・キリストが生ける神、主より委ね託された神の言葉「十戒」と旧約聖書の律法を、一歩一歩、神のみこころに従って成就して歩み、神の力と助けをいただいて良き実を結ぶ生命の道の教えの言葉の体系を信じ受け入れ、主イエス・キリストと共に生命の道を歩んでその実践、実行、実証に励む時、主イエス・キリストが通られた歩みである「十字架の死と復活」の歩みをキリストの弟子も通らねばなりませんが、主イエス・キリストの守りと導きの中にこの歩みを繰り返すことによって、罪と世とサタンの働きが押さえ込まれ、神の国の建設の基盤固めができてくるのです。

「世の光」の働きは、主イエス・キリストと共に生命の道を歩むキリストの弟子が、罪と世とサタンとの戦いに勝利し、暗闇が支配するこの世において、生ける神、主の霊に燃えるキリストの弟子がリーダーである人の組織体が新しく発足するところから始まります。「世の光」の第一の歩みは、生ける神、主より与えられるみ言葉と使命の実践、実行、実証に励み、良き実を結ぶことです。「世の光」の門の中央に刻まれているみ言葉を聖書に従って記します。

マタイの福音書五章一四―一六節

あなたがたは、世界の光です。山の上にある町は隠れる事ができません。また、あかりをつけて、それを枡の下に置く者はありません。燭台の上に置きます。そうすれば、家にいる人々全部を照らします。このように、あなたがたの光を人々の前で輝かせ、人々があなたがたの良い行いを見て、天におられるあなたがたの父をあがめるようにしなさい。

総合管理、経理経営の歩みでは、「地の塩」の門と「世の光」の門の二つしかありません。そして、「世の光」の門の中央には、「世の光」というみ言葉が刻まれており、その下に「神の国とその義とをまず第一に求めなさい」と刻まれています。聖書に従い、そのみ言葉を記します。

マタイの福音書六章三三—三四節

神の国とその義とをまず第一に求めなさい。そうすれば、それに加えて、これらのものはすべて与えられます。だから、あすのための心配は無用です。あすのことはあすが心配します。労苦はその日その日に、十分あります。

主イエス・キリストの十字架上での贖いの死と復活、またキリストの弟子自身の「十字架の贖いの死と復活」によって、キリストの弟子がリーダーである人の組織体は、この世を支配する罪と世とサタンの働きを押さえ込み、神の国建設の基盤固めをいたしました。「世の光」の働きの第一は、罪と世とサタンの働きを押さえ込んだ基盤の上に神の国を建設し、その神の国の中で、生ける神、主より与えられるみ言葉と使命の実践、実行、実証に励み、主イエス・キリストと共に生命の道を歩んで良き実を結ばせることです。

神の国とは、生ける神、主のみこころを行おうとするキリストの弟子がリーダーである人の組織体が、生ける神、主のみこころであるみ言葉と使命の実践、実行、実証に励み、主イエス・キリストの教えに従って生命の道を歩み、良き実を結ばせることです。神の国の建設は、主イエス・キリストと共に生命の道を歩むキリストの弟子によって行われます。キリストの弟子自身の「十字架の死と復活」、「十字架上の贖いの死」によって、キリストの弟子がリーダーである人の組織体のメンバー一人一人は罪から解放され、霊に燃えて、生ける神、主より与えられるみ言葉と使命の実践、実行、実証に励む者となります。しかし、罪から解放された人の組織体のメンバー一人一人は、キリストの弟子と共にみ言葉と使命の実践、実行、実証に励み、生命の道を歩んで良き実を結び、人の組織体全体で「世の光」として光を放つ存在とならねばならないのです。

生命の道の歩みは、仕事の種蒔きから始まります。生命の道の入り口の門の両側の門柱には、「さばいてはいけません。さばかれないためです」という教えのみ言葉と、「聖なるものを犬に与えてはいけません。また豚の前に、真珠を投げてはなりません」という教えのみ言葉が刻まれています。

人の組織体のメンバーによる仕事の種蒔きは、部門別になります。部門部門によって蒔く種が違い、必要とされる努力も違うのです。また、それぞれの部門には部門の長が必要であり、部門の長を補佐する者も必要不可欠です。キリストの弟子がリーダーである人の組織体の中で、部門別の組織体づくりが必要であり、それぞれの部門で、生命の道の教えに従った部門別の施策の実践、実行であることが「なぜなぜ改善」が求められます。一つ一つの部門が良い実を結び、実績を上げるためには、良い種蒔きと神の力と助けが必要不可欠です。部門別の施策の推進を図る時、キリストの弟子も参加した小委員会を開催し、種蒔きを担当する生産部門の責任者だけではなく、収穫の時を担当する営業部門の責任者も加わります。

「さばいてはいけません。さばかれないためです」という教えのみ言葉に導かれ、周囲の人や物事を非難したり否定したりすることをやめます。周囲の人や物事を非難したり否定したりしても、何も良いことが起こらないだけでなく、物事が停滞してしまうのです。周囲の人や物事のことをまず忘れて、その部門が今日、今現在、一番取り組まなければならないあるべき姿、課題は何かを問います。若干時間を要するかもしれませんが、キリストの弟子の祈り求めもあり、その部門で取り組むべき課題、仕事のあるべき姿が見出されたなら、その実践、実行に移ります。仕事のあるべき姿が仕事の種となりますが、それを実践、実行することが仕事の種蒔きです。

仕事の種蒔きは、隠れた種蒔きでなくてはなりません。どの仕事の種から良い芽が出てくるかわからないからですが、同時に、仕事の種蒔きに邪魔が入らないようにするためでもあります。種蒔きの種の中には、生命の力が秘められています。生命の力を持っていない種からは、芽が生えてこないのです。生命の力を持っている種は、他の人々も欲しがる種です。他の人々に宣伝しながら種蒔きをすることは、思いもかけない障害を生むことになります。

種を蒔いたが、芽が出てこない。芽は出てきたが、その成長が思わしくない。種蒔きの歩みでもいろいろ問題が発生し、その対策に悩みます。その時、キリストの弟子や部門の責任者がしなければならないことは、隠れた祈りです。その部門の種蒔きには何らかの欠陥があり、問題があるのです。隠れた祈り、キリストの弟子の祈りは「主の祈り」だと主イエス・キリストは教えられました。「主の祈り」の内容を一つ一つ真剣に求めていくと、必ず何か良い導きを得て、欠陥や問題がどこにあるのかを見出し、対策すべき内容が示されるのです。

小委員会による「なぜなぜ改善」は大変有効な手法です。一つの問題、課題の真の解決を得るため、五回「なぜ」と問う手法です。あらゆる物事にはいろいろな側面があって、一面しか見ていないと見落としが起こり、問題点を発見できず、対策をしても良い結果を得られないことが起こるのです。さまざまな側面を見つつ、「なぜなぜ改善」に従い、五回「なぜ」と問う時、問題や課題の本質を見出し、誤りのない対処ができるのです。

隠れた祈りの次になさねばならないことは、隠れた断食です。断食とは、生ける神、主に強く強く祈り求めることです。生ける神、主は、みこころを行わんとする者に対し、衣食を必ずお与えくださる神です。「その食を断ちますので、食に代えて私の祈りをお聞き入れください」と強く祈り求めることが、断食の祈りです。自己犠牲をいとわない祈りであり、生ける神、主がお喜びくださる祈りでもあります。しかし、断食の時こそ、隠れた断食でなければなりません。

人の組織体にはさまざまな試練と困難が襲ってきます。キリストの弟子にとって問題が大きすぎ、対処不可能な問題もあるのです。しかし、どんな問題に遭遇しようとも、主イエス・キリストが共にいてくださり、生ける神、主より与えられるみ言葉と使命の実践、実行、実証のために生命の道を歩んでいるのですから、どうしてもさらなる神の力と助けが必要な時は、生ける神、主の前に断食の祈りをして、生ける神、主の特別の守りと導きをいただきましょう。

また、いくら祈り求めても結実の時が来ないと、良き実は結ばないものです。

いろいろ努力を積み重ねても、良い結果を得ることができず、限界に達してしまうように思える時があります。しかし、主イエス・キリストと共に歩む生命の道の歩みでは、決して報われることのない努力はありません。

人の組織体における立場によって、報いを受ける速さに違いがあり、その質に違いがあります。日雇い労働者の場合、今日一日の労働、働きの実は、今日その日にあります。今日の働きの価値をそのままいただくのです。種蒔きの種をそのままいただくようなものです。人の組織の上に立って働く管理職、部長、工場長、課長の場合、十の仕事をして、良い結果を得るのは二つか三つだと思います。しかし、その時に得る成果は、一つの仕事の種が十倍の実を結ぶとしたら、十の努力で二十から三十の結果を得ることができます。

私の場合、主イエス・キリストに導かれつつ努力をした時、なかなか良い実を結びませんでした。百の努力をして、良い結果を得たのは二つか三つでした。しかし、この二つか三つの仕事の種が百倍の実を結ぶとするならば、百の努力で二百か三百の良き実を得ることができます。主イエス・キリストと共に歩む生命の道の歩みで、無駄に終わる努力は何一つなく、必ず良い実を結ぶと信じ、努力を重ねる必要があります。この時、この努力の実は天に積まれていると考える時、努力をすることが楽しみとなります。また、神に喜ばれる純粋な信仰が必要です。神の働きと相容れることのないこの世の思いがある時、生ける神、主はそこに神の力を注ぐことができません。

生命の道の育成結実の歩みでは、上を見上げれば、「心のきよい者は幸いです」という門が見え、その門の両側の門柱には、「求めなさい。そうすれば与えられます。捜しなさい。そうすれば見つかります。たたきなさい。そうすれば開かれます」というみ言葉と、「何事でも、自分にしてもらいたいことは、ほかの人にもそのようにしなさい。これが律法であり預言者です」というみ言葉が刻まれています。

求めるものは、主イエス・キリストと共に歩む生命の道の歩みにおいて、キリストの弟子が今日必要とする導きの言葉、隠れたマナです。それが与えられると、そのみ言葉と共にみ霊の働きがあり、キリストの弟子の心に平安と喜びが満ちます。

捜し求めるものは、十字架の死を通して生ける神、主のみもとに復活され、キリストの弟子のために祈り続けてくださっている復活の主イエス・キリストです。そして、主イエス・キリストの十字架上の贖いの死が、キリストの弟子自身の罪の贖いのためであったこと、また主イエス・キリストの十字架の贖いの死によって、キリストの弟子は罪の束縛から解放されたことを知ります。このことを知ったキリストの弟子は、主イエス・キリストのご愛に感謝し、自分がリーダーである人の組織体のメンバー一人一人のミスや誤り（罪）を赦し、担う人となっていきます。

キリストの弟子がたたき求めるものは、主イエス・キリストがお約束くださった助け主なる神、聖霊の働きです。聖霊が下る時、キリストの弟子は、生ける神との直接のお交わりに入る永遠のいのちに生きる幸いを得ることができ、罪と世とサタンの支配するこの世において不動の平安と喜びを得て、聖霊の守りと導きにより、確信をもった歩みをいたします。

「何事でも、自分にしてもらいたいことは、ほかの人にもそのようにしなさい。これが律法であり預言者です」という導きの言葉は、高い水準での愛の実践、実行を求めるものです。キリストの弟子がリーダーである人の組織体の一人一人のメンバーに、生ける神、主が求められるものは、人の組織体のメンバー一人一人にとってあまりにも重く、大きく、また潔さを求められるものなので、みな尻込みしてしまいます。しかし、キリストの弟子には主イエス・キリストが共にいてくださり、主イエス・キリストの教えのみ言葉もあるので、生ける神、主が人の組織体のメンバー一人一人に求められるものについて、人の組織体を代表して、生ける神、主の求められる働きに取り組みます。その時、神の祝福が人の組織体全体に注ぎ込まれ、神と人とに喜ばれる良き実を結ぶのです。

主と共に生命の道を歩むキリストの弟子の収穫の歩みは、洗足の愛から始まります。収穫の時は、良い実と悪い実を選別するように、良い働き人と、神のみこころに背を向けて歩む悪い働き人を選り分ける時でもあります。キリストの弟子が、自分がリーダーである人の組織体のメンバー一人一人の足を洗う洗足の愛、サーバント・リーダーシップによって部下の働きを正確に把握しようとする時、足を洗うことを嫌がる人が出てきます。キリストの弟子が足を洗う時、その人の心の中の実態が見えてしまうからです。また、人の組織体の中のこの世の思いを代表するようなかたちで、人の組織体のリーダーであるキリストの弟子に立ち向かい、徒党を組んで、キリストの弟子や主イエス・キリスト、さらには生ける神、主の働きに反逆する、人の組織体の指導者たちも出現します。

生ける神、主は、種蒔きの歩みでは、良い芽も悪い芽も共に生かし、育成結実の歩みでも、良い作物も悪い作物も分け隔てなく育てたのです。それは、収穫の時に収穫した実を選別すればよいという、生ける神、主のみこころによるものでしたが、収穫の歩みの最初に、良い実と悪い実を選別するように、良い働き人と、神のみこころに背を向けて歩む悪い働き人との選別をすることも生ける神、主のみこころなのです。

人の組織体内部の選別が行われ、キリストの弟子がリーダーである人の組織体の収穫の歩みが神の力と助けにより一歩前進すると、人の組織体外の周囲の人々からの誘惑がやって来ます。キリストの弟子がリーダーである人の組織体が充実強化されて、良き実を結びつつ前進を開始したことに恐れを感じ、キリストの弟子がリーダーである人の組織体を生ける神、主から切り離そうとする画策が始まるのです。この世の誘いは巧妙であり、狡猾です。その誘いに乗ってしまう人の組織体のメンバーも出現します。しかし、「神にも仕え、また富にも仕えるということはできません」という主イエス・キリストの教えのみ言葉に従って、生ける神、主の働きから離れてはなりません。生ける神、主の働きとこの世の働きは、相容れることがないからです。

組織体外の誘惑に打ち勝ったキリストの弟子がリーダーである人の組織体は、いよいよ働きの実である収穫を、人の組織体のメンバー一人一人に分配する時を迎えます。この時、大切なことは、生ける神、主に対する感謝を第一とし、最良のものを生ける神、主にお捧げするということです。生ける神、主の働きは、生命の道の歩みにおいて、種蒔きの種をお与えくださるところから始まり、種蒔きの歩み、育成結実の歩みを通して絶えず守り導き、豊かな神の力をお注ぎくださったのです。人の組織体のメンバー一人一人の働きには差はあっても、それは生ける神、主の働きとは全く大きさの違うものです。収穫の歩みにおいて分配をする時、生ける神、主に感謝することを第一にする時、人の組織体のメンバー一人一人も生ける神、主の働きに目を向け、良い収穫の時も、良くない収穫の時も、神のみこころにかなう分配によって、感謝をもってその分配を受け取ることができます。

キリストの弟子の「世の光」の歩み全体を導く主イエス・キリストの教えのみ言葉は、「神の国とその義とをまず第一に求めなさい。そうすれば、それに加えて、これらのものはすべて与えられます。だから、あすのための心配は無用です。あすのことはあすが心配します。労苦はその日その日に、十分あります」です。

神の国とは、神のみこころを行おうとするキリストの弟子がリーダーである人の組織体が、主イエス・キリストと共に生命の道を歩み、生ける神、主より与えられるみ言葉と使命の実践、実行、実証に励んで、良き実を結んでいる人の組織体そのもののことです。そして神の国の義とは、キリストの弟子がリーダーである人の組織体に生ける神、主より与えられるみ言葉と使命のことであり、神のみこころをその人の組織体で実践、実行、実証し、良き実を結ぶために与えられる働きの内容です。

キリストの弟子がリーダーである人の組織体が、生ける神、主のみこころであるみ言葉と使命の実践、実行、実証に励み、主イエス・キリストの教えに導かれて一致協力して生命の道を前進する時、生ける神、主の力と助けをいただいて良き実を結び、良き収穫を得ることができます。生ける神、主のみこころにかなう働きと祝福がそこにあるので、キリストの弟子がリーダーである人の組織体のメンバー一人一人は、その組織体が良き実を結んだ時には、その働きに応じて報酬を受け、目的とした働きを成し遂げるだけでなく、衣食住、この世で必要なものを、それに添えて与えられるのです。

神の国とその義をまず第一に求め、キリストの弟子がリーダーである人の組織体が、生ける神、主より与えられたみ言葉と使命の実践、実行、実証に励み、主イエス・キリストと共に生命の道を歩む時、その一日一日が、生ける神、主との直接のお交わりに入る永遠のいのちに生きる一日となり、また、生ける神、主より与えられるみ言葉と使命の実践、実行、実証に励んで、良き実を結ぶ一日となり、そして、今日も明日も何一つ変わることのない毎日となるのです。そしてその一日一日が、生ける神、主の霊に導かれ、主イエス・キリストのみ教えに従ってみ業に励む一日となり、今日一日の働きが永遠のいのちに生きる働きとなり、その日その日に十分な労苦があり、明日のことを思いわずらう暇もない一日となるのです。

生命の道の収穫の歩みでは、その歩みの最後に、キリストの弟子自身の「十字架の死と復活」が待っています。収穫の歩みの第一歩で、神のみこころに背を向けて歩む者として人の組織体の働きから取り除かれた者が、この世の力と結託して反撃をしてくるからです。また、主イエス・キリストと共に生命の道を歩むキリストの弟子は、生命の道の歩みの中で、人の組織体のメンバー一人一人のミスや誤り（罪）を赦し、担ってきました。この罪の結末をつけねばならない時が来るのです。

主イエス・キリストが十字架の上でキリストの弟子自身の罪の贖いとなって死んでくださったことに励まされ、導かれて、キリストの弟子自身も、自分がリーダーである人の組織体のメンバー一人一人の「罪の代価」を支払ってキリストの弟子自身の「十字架」の上で死ぬ時、生ける神、主も、主イエス・キリストも、キリストの弟子の働きを喜び、キリストの弟子を見捨てず、主イエス・キリストのおられる生ける神、主のみもとに引き上げてくださり、また、キリストの弟子がリーダーである人の組織体に新しい力を注いで、光り輝く存在としてくださり、キリストの弟子がリーダーである人の組織体の新しい生命の道の歩みを祝してくださるのです。

　このような、主イエス・キリストと共に生命の道を歩むキリストの弟子がリーダーである人の組織体が、生ける神、主にある良き働きに勤しみ、良き実を結ぶ働きを継続して行う時、神の力がその人の組織体に注ぎ込まれて、その人の組織体は、暗闇が支配し、罪と世とサタンが支配するこの世において光を発し、光り輝くとともに、暗闇を照らす存在となっていくのです。

生命の道の歩み・第四ステージ

「総合管理の歩み」　第二の門

15「世の光」（Ⅱ）

「世の光」の門の中央には、「世の光」という文字が大きく刻まれており、その下には「神の国とその義とをまず第一に求めなさい」という教えのみ言葉が刻まれています。そして、「世の光」の門の右側の門柱には「『主よ、主よ』と言う者がみな天の御国に入るのではなく、天におられるわたしの父のみこころを行う者が入るのです」というみ言葉が刻まれています。聖書の言葉に従って全文を記します。

マタイの福音書五章一四―一六節

あなたがたは、世界の光です。山の上にある町は隠れる事ができません。また、あかりをつけて、それを枡の下に置く者はありません。燭台の上に置きます。そうすれば、家にいる人々全部を照らします。このように、あなたがたの光を人々の前で輝かせ、人々があなたがたの良い行いを見て、天におられるあなたがたの父をあがめるようにしなさい。

マタイの福音書七章二一―二三節

わたしに向かって、『主よ、主よ』と言う者がみな天の御国に入るのではなく、天におられるわたしの父のみこころを行う者が入るのです。その日には、大ぜいの者がわたしに言うでしょう。『主よ、主よ。私たちはあなたの名によって預言をし、あなたの名によって悪霊を追い出し、あなたの名によって奇蹟をたくさん行ったではありませんか。』しかし、その時、わたしは彼らにこう宣告します。『わたしはあなたがたを全然知らない。不法をなす者ども。わたしから離れて行け。』

「世の光」とは、生ける神、主の霊に燃えて、生ける神、主より与えられたみ言葉と使命の実践、実行、実証に励む、キリストの弟子がリーダーである人の組織体が、一致協力して努力を重ねる時、生ける神、主の霊がその人の組織体に注ぎ込まれ、良き実を結ばせ続けて、暗闇と罪と世とサタンが支配するこの世において光を放ち続ける存在となることです。生ける神、主の霊に燃えて、人の組織体が良き実を結び続ける時、暗闇が支配するこの世に光を放つ存在となり、周囲の暗闇を照らすようになります。生ける神、主の霊に燃えて光を放ち始めた人の組織体は、隠れることができません。光がない状態が暗闇ですから、その人の組織体は、光が届く範囲まで周囲の暗闇を照らすのです。

また、光を放ち始めた人の組織体に何か別のものをかぶせて、光が届かないようにする人はおりません。光を放ち始めた人の組織体は、周囲の人々に光が届くように高いところに置かれます。それは、その光を放ち始めた人の組織体の光で周囲を照らすためです。人の組織体が光を放つのは、生ける神、主のみこころであるみ言葉と使命の実践、実行、実証に励んで、主イエス・キリストの教えである生命の道を歩み、生ける神、主の力と助けをいただきつつ良き実を結び続けるからです。キリストの弟子がリーダーである人の組織体が、生ける神、主より与えられたみ言葉と使命の実践、実行、実証に励み、生命の道を歩んで良き実を結び、光を放つ存在となって、周囲の人々がその光を楽しみ、これは生ける神、主のご愛と恵みの賜物であると、生ける神、主のみ名をあがめるよう、全力を挙げて努力しなさいと、主イエス・キリストは教え導かれます。

また、主イエス・キリストの生命の道の教えの言葉は、それを信じ受け入れ、その実践、実行、実証に励んで、神と人とに喜ばれる良き実を結び、「世の光」として光を放つ存在となるためのものであって、主イエス・キリストのみ名を自分勝手な目的のために利用することではないと教えられました。主イエス・キリストのみ名には力があり、人々を教え導く預言の賜物や、悪霊を追い出す力もお与えくださいます。また、主イエス・キリストのみ名の力によって、奇蹟、神の業を行うこともできます。しかし、主イエス・キリストが生ける神、主よりこの世に遣わされたのは、主イエス・キリストを信じ受け入れ、水とみ霊のバプテスマを受けたキリストの弟子が、主イエス・キリストの教え、山上の垂訓に隠された生命の道を主イエス・キリストと共に歩み、生ける神、主のみこころであるみ言葉と使命の実践、実行、実証に励み、生命の道を歩んで良き実を結び、暗闇が支配するこの世にあって光を放つ存在となるためであって、暗闇が支配するこの世で光を放つ存在となるのでなければ、生ける神、主のみこころを行ったことにならないのです。

終わりの日、すなわち、この世の人が、この世の歩みを終え、生ける神、主の前にすべての人が立つさばきの日に、大勢の人が、「主よ、主よ。私たちはあなたの名によって預言をし、あなたの名によって悪霊を追い出し、あなたの名によって奇蹟をたくさん行ったではありませんか」と主イエス・キリストに向かって言います。主イエス・キリストのみ名を信じ、そのみ名によってさまざまな働きをすることと、神のみこころを行うために、主イエス・キリストの教え、山上の垂訓に隠された生命の道の教えを信じ受け入れ、主イエス・キリストと共に生命の道を歩み、神と人とに喜ばれる良き実を結ぶこととは、全く違うことなのです。

主イエス・キリストと共に歩む生命の道にあっては、キリストの弟子が指導者である人の組織体のメンバー一人一人の罪を赦し、その罪を担い、収穫の歩みの最後に待っている「十字架の死と復活」では、キリストの弟子は、それまで担ってきた人の組織体のメンバー一人一人の「罪の贖いの代価」を支払うため、キリストの弟子自身が「十字架上での贖いの死」を遂げねばならないのです。この時、生ける神、主の力がキリストの弟子の上に豊かに働き、主イエス・キリストのおられる生ける神、主のみもとにキリストの弟子を引き上げ、復活させてくださるだけでなく、人の組織体全体を祝し、その人の組織体のメンバー一人一人は罪の束縛から解放され、神の力に満たされて、良き働きに邁進することができるようになるのです。

このような生命の道を主イエス・キリストと共に歩み、十字架の死にまで従ったキリストの弟子は、永遠のいのちを得て、すべての人がさばかれるさばきの日に、主イエス・キリストと共にさばきの座に座します。そこでは、主イエス・キリストと共に生命の道を歩むことをしなかった者たちが「主よ、主よ」と言いますが、彼らは主イエス・キリストから、「わたしはあなたがたを全然知らない。不法をなす者ども。わたしから離れて行け」と言われてしまいます。

さて、主イエス・キリストの生命の道の教えによって主イエス・キリストと共に生命の道を歩み、主イエス・キリストの十字架の死と復活に見ならって、生ける神、主の力と助けをいただきつつ、キリストの弟子がリーダーである人の組織体のメンバー一人一人の「罪の贖い」となって、キリストの弟子自身の「十字架」の上で「贖いの死」を遂げ、また生ける神、主の力による復活にあずかって、主イエス・キリストのおられる生ける神、主のみもとによみがえるという、キリストの弟子の十字架と復活の歩みにより、キリストの弟子がリーダーである人の組織体は、この世の罪と世とサタンの働きに打ち勝ち、暗闇の支配するこの世にあって光を発し、この世の一部であったとしても、暗闇を照らす「世の光」としての存在となってまいりました。

この「世の光」としての存在である人の組織体は、生命の道の歩みを繰り返しながら、暗闇が強く支配する教会から、次第に光り輝く教会へと移り変わっていきます。この様子を、マタイの福音書七章の生命の道の教えの言葉一つ一つと、ヨハネの黙示録二章、三章にある七つの教会の歩みを連動させながら、その変化の本質について学びます。

マタイの福音書七章の第一の教えは、「さばいてはいけません。さばかれないためです」です。キリストの弟子がリーダーである人の組織体の「世の光」としての第一の歩みは、エペソの教会です。エペソの教会は、主イエス・キリストの弟子の生命の道の教えを信じ受け入れ、その実践、実行、実証に励むキリストの弟子がリーダーである人の組織体がこの世に戦いを挑み、キリストの弟子自身の「十字架の死と復活」によって罪と世とサタンの働きを押さえ込み、暗闇の支配するこの世にあって、その燭台に灯火を点じ、暗闇を照らす灯火が光を発し始めた教会です。

キリストの弟子がリーダーである人の組織体は、この世の力と戦い、よく努力して、自主性、主体性を持つ人の組織体として良き働きを開始いたしました。自主性、主体性をもって良い働きを開始することができるのですから、その働きのあるべき姿、初めの愛、すなわち、キリストの弟子がリーダーである人の組織体の発足の初めに、生ける神、主がその組織体にお与えくださったみ言葉と使命に徹して努力を続けねばなりません。このことは、これまで全力を挙げて戦ってきた、罪と世とサタンとの戦いから目を離すことになります。キリストの弟子がリーダーである人の組織体は、自主性、主体性をもって、仕事のあるべき姿の追求を開始することができたのですから、人の組織体内部や外部の問題点に気を配るのではなく、生ける神、主のお与えくださったみ言葉と使命、与えられた仕事のあるべき姿の徹底追求に努力し、その実践、実行、実証に励む時に、エペソの教会員はいのちの木の実を食べることができるのです。

マタイの福音書七章の第二の教えは、「聖なるものを犬に与えてはいけません。また豚の前に、真珠を投げてはなりません」です。キリストの弟子がリーダーである人の組織体の「世の光」としての歩みの第二は、スミルナの教会です。

キリストの弟子がリーダーである人の組織体は、生ける神、主より与えられたみ言葉と使命、仕事のあるべき姿の徹底追求に励み、手応えのある結果を得てまいりました。しかし、キリストの弟子がリーダーである人の組織体が、その仕事のあるべき姿の徹底追求に努力する時、罪と世とサタンとの戦いから手を抜いたようなかたちとなり、人の組織体内や外部にある罪と世とサタンの働きは、その力を回復してきて、キリストの弟子がリーダーである人の組織体の弱点をついて襲ってまいります。

罪と世とサタンの支配するこの世にあって、暗闇を照らす光を点したばかりのスミルナの教会には弱点がたくさんあり、罪と世とサタンの力に追い込まれ、キリストの弟子の仲間の中の大切な人がつかまり、牢に投げ入れられることも起こります。この試練と困難は十日間続くとされています。十日間とは、十年ということです。

キリストの弟子に対する主イエス・キリストの教えのみ言葉は、「死に至るまで忠実でありなさい」です。生命がけで仕事のあるべき姿の徹底追求をして、決してその努力を手放したり、その仕事から逃げてはなりません。この試練と困難を乗り越える時、生ける神、主との直接のお交わりに入り、第二の死によって損なわれることのない永遠のいのちを得ます。

マタイの福音書七章の第三の教えは、「求めなさい。そうすれば与えられます。捜しなさい。そうすれば見つかります。たたきなさい。そうすれば開かれます」です。キリストの弟子がリーダーである人の組織体の「世の光」の歩みの第三は、ペルガモの教会です。ペルガモの教会では、主イエス・キリストはその教会員にこのように指摘されます。

ヨハネの黙示録二章一三―一六節

わたしは、あなたの住んでいる所を知っている。そこにはサタンの王座がある。しかしあなたは、わたしの名を堅く保って、わたしの忠実な証人アンテパスがサタンの住むあなたがたのところで殺されたときでも、わたしに対する信仰を捨てなかった。しかし、あなたには少しばかり非難すべきことがある。あなたのうちに、バラムの教えを奉じている人々がいる。バラムはバラクに教えて、イスラエルの人々の前に、つまずきの石を置き、偶像の神にささげた物を食べさせ、また不品行を行わせた。それと同じように、あなたのところにもニコライ派の教えを奉じている人々がいる。だから、悔い改めなさい。もしそうしないなら、わたしは、すぐにあなたのところに行き、わたしの口の剣をもって彼らと戦おう。

キリストの弟子が生ける神、主に求めるものは、主イエス・キリストと共に歩む生命の道の歩みにあって、今現在、キリストの弟子がリーダーである人の組織体にとって一番必要な教えと導きの言葉です。その教えと導きの言葉をいただくと、生ける神、主の平安と喜びが与えられ、生命の道の歩みは一歩前進します。また捜し求めるのは、十字架の死を通して生ける神、主のみもとに復活され、キリストの弟子のために祈り続けていてくださる復活の主イエス・キリストであり、主イエス・キリストはキリストの弟子の罪のために十字架の上で贖いの死を遂げてくださったことを知ることです。また、たたき求めて与えられるものは、主イエス・キリストがお約束くださった聖霊なる神の働きです。

キリストの弟子がリーダーである人の組織体は、死に至るまで忠実であって、神の恵みをいただき、罪と世とサタンの働きである組織体外の力に起因する試練を乗り越えました。ペルガモの教会では、キリストの弟子である人の組織体内部の問題が浮上します。キリストの弟子を指導した者が、キリストの弟子がリーダーである人の組織体の中で殺されることすら起こるのです。しかし、キリストの弟子は、生ける神、主より与えられたみ言葉と使命の実践、実行、実証から離れませんでした。

しかし、キリストの弟子がリーダーである人の組織体の中には、生ける神、主のみこころに反して歩む人々の集団であるサタンの王座があって、人の組織体の中に働く人々に誤りの教え、生ける神、主から離れる道を教えており、そのような人を放置していることを悔い改めなければ、キリストの弟子がリーダーである人の組織体は混乱と争いに逆戻りしてしまうと、主イエス・キリストは警告されます。

そこで悔い改めて、人の組織体の中にあるサタンの王座から離れてこの試練に勝利するキリストの弟子は、隠れたマナと白い衣を生ける神、主より与えられます。求めて与えられるものは隠れたマナであり、隠れたマナとは、日々の生ける神、主よりキリストの弟子に与えられる導きの言葉です。また白い衣とは、み言葉と使命の実践、実行、実証に励むキリストの弟子に与えられる生ける神、主の守りです。捜し求め、たたき求めて与えられるものは、復活の主イエス・キリストとの出会いであり、聖霊体験です。キリストの弟子はもう何も迷うことなく、主イエス・キリストと共に生命の道を歩み、確信を持ってみ言葉と使命の実践、実行、実証に励みます。

マタイの福音書七章の第四の教えは、「何事でも、自分にしてもらいたいことは、ほかの人にもそのようにしなさい。これが律法であり預言者です」です。また、キリストの弟子がリーダーである人の組織体の「世の光」の歩みの第四は、テアテラの教会です。テアテラの教会員に主イエス・キリストはこのように教えられます。

ヨハネの黙示録二章二〇―二三節

しかし、あなたには非難すべきことがある。あなたは、イゼベルという女をなすがままにさせている。この女は、預言者だと自称しているが、わたしのしもべたちを教えて誤りに導き、不品行を行わせ、偶像の神にささげた物を食べさせている。わたしは悔い改める機会を与えたが、この女は不品行を悔い改めようとしない。見よ。わたしは、この女を病の床に投げ込もう。また、この女と姦淫を行う者たちも、この女の行いを離れて悔い改めなければ、大きな患難の中に投げ込もう。また、わたしは、この女の子どもたちをも死病によって殺す。こうして全教会は、わたしが人の思いと心を探る者であることを知るようになる。また、わたしは、あなたがたの行いに応じてひとりひとりに報いよう。

テアテラの教会は、キリストの弟子がリーダーである人の組織体の中央にある王座に座っているイゼベルという女を、主イエス・キリストが病の床に投げ込み、取り除いてくださる教会です。サタンの王座に座すイゼベルという女は、キリストの弟子には手強すぎますが、主イエス・キリストがその女を病の床に投げ込まれると、人の組織体の中で力を失います。このようなことがあってもイゼベルという女のサイドにつこうとする者たちは、大きな患難の中に投げ込まれます。また、イゼベルという女の子供たちは死病によって殺され、人の組織体の中から姿を消します。

このようなことが起きると、キリストの弟子がリーダーである人の組織体の中に、主イエス・キリストは人の心の奥底にある思いを調べられる方であり、その思いに従ってさばきを行う方であることを知って、神への恐れが生じます。「何事でも、自分にしてもらいたいことは、ほかの人にもそのようにしなさい。これが律法であり預言者です」という教えのみ言葉は、主イエス・キリストが、人の組織体のリーダーであるキリストの弟子の立場に立って、キリストの弟子が一番してほしいこと、すなわち、サタンの王座に座っているイゼベルという女を取り除き、その女に従っている者や子供たちを同時に排除して、人の組織体の中から罪と世とサタンの働きを取り除いてくださるということです。その結果、テアテラの教会には光が差し込み、暗闇が支配する教会から、光が支配する教会へと移っていくのです。

マタイの福音書七章の第五の教えは、「狭い門から入りなさい。いのちに至る門は小さく、その道は狭く、それを見いだす者はまれです」です。また、キリストの弟子がリーダーである人の組織体の「世の光」の歩みの第五は、サルデスの教会です。主イエス・キリストはサルデスの教会員にこのように教えられます。

ヨハネの黙示録三章一―三節

わたしは、あなたの行いを知っている。あなたは、生きているとされているが、実は死んでいる。目をさましなさい。そして死にかけているほかの人たちを力づけなさい。わたしは、あなたの行いが、わたしの神の御前に全うされたとは見ていない。だから、あなたがどのように受け、また聞いたのかを思い出しなさい。それを堅く守り、また悔い改めなさい。もし、目をさまさなければ、わたしは盗人のように来る。あなたには、わたしがいつあなたのところに来るか、決してわからない。

これまでキリストの弟子がリーダーである人の組織体にはサタンの王座があって、イゼベルという女がそこに座って支配権を握っており、その結果、罪と世とサタンの働きが横行し、暗闇が支配していました。しかし、主イエス・キリストが、サタンの王座に座るイゼベルという女を病の床に投げ込み、また、この女に従っている者やその女の子供たちを取り除いてくださり、人の組織体の中から暗闇が取り除かれ、光が差し込み、光が支配する教会となったのです。

光が支配する教会では、暗闇が支配する教会とは異なった事柄が、キリストの弟子自身や、彼がリーダーである人の組織体に求められるのです。暗闇の支配する教会の中では、暗闇の中で灯火が輝いていましたが、互いの姿ははっきり見ることができませんでした。しかし、生ける神、主の光が差し込み、互いの姿がはっきり見える光が支配する教会では、これまでは見えなかったさまざまな問題点が発見されます。また、暗闇の中では目がしっかり開いて元気でしたが、光が支配する教会になって眠気を催し、死にかかってしまいました。また、生ける神、主の目から見れば欠点だらけのサルデスの教会員です。そのようなサルデスの教会員に主イエス・キリストは、「だから、あなたがどのように受け、また聞いたのかを思い出しなさい。それを堅く守り、また悔い改めなさい」と教えられます。

暗闇が支配する教会でも、光が支配する教会でも、キリストの弟子がリーダーである人の組織体に生ける神、主が与えられたみ言葉と使命に変わりはないのです。しかし、その具体的な実践、実行となると、暗闇の支配する教会と、光が支配する教会では全く異なるのです。暗闇の中では見出すことのできなかった問題点や課題を、光が支配する教会では見出すことができるのですから、神のみこころであるみ言葉と使命に従って問題点や課題に取り組み、良い成果を得るまで努力を重ねることが、サルデスの教会員に与えられたあるべき姿なのです。

光の支配する教会の中で、キリストの弟子がリーダーである人の組織体のメンバー一人一人の足を洗い、それぞれの働きの実態をキリストの弟子が確認するサーバント・リーダーシップは、主イエス・キリストの教える生命の道の狭い門であり、生命に至る細い道です。生ける神、主の力にあずかって強められているから初めて可能なことです。

マタイの福音書七章の第六の教えは、「にせ預言者たちに気をつけなさい。あなたがたは、実によって彼らを見分けることができます」です。そして、キリストの弟子がリーダーである人の組織体の「世の光」の歩みの第六は、フィラデルフィアの教会です。フィラデルフィアの教会員に主イエス・キリストはこのように教えられます。

ヨハネの黙示録三章八―一〇節

わたしは、あなたの行いを知っている。見よ。わたしは、だれも閉じることのできない門を、あなたの前に開いておいた。なぜなら、あなたには少しばかりの力があって、わたしのことばを守り、わたしの名を否まなかったからである。見よ。サタンの会衆に属する者、すなわち、ユダヤ人だと自称しながら実はそうでなくて、うそを言っている者たちに、わたしはこうする。見よ。彼らをあなたの足もとに来てひれ伏させ、わたしがあなたを愛していることを知らせる。あなたが、わたしの忍耐について言ったことばを守ったから、わたしも、地上に住む者たちを試みるために、全世界に来ようとしている試練の時には、あなたを守ろう。

フィラデルフィアの教会は勝利の教会です。光の支配する教会の中を歩み、光の中で見出した問題点や課題に取り組み、生ける神、主より与えられたみ言葉と使命、すなわち神のみこころの実践、実行、実証に関して改めて振り返り、課題や問題点に対して悔い改めるべきは悔い改めて取り組み直しました。その結果、光の支配する教会の中でも、人の組織体の働きを着実に前進させることができたのです。

フィラデルフィアの教会では、主イエス・キリストがキリストの弟子の前に、誰も閉じることのできない勝利の門を開いてくださっており、キリストの弟子はその門をくぐり抜け、主イエス・キリストと共に歩む生命の道の歩みで勝利の時を迎えます。キリストの弟子がリーダーである人の組織体のメンバーは当然のこととして、それを迫害した人々がその人の組織体を見直し、キリストの弟子の、生ける神、主にある真価を認めざるを得ない時となるのです。それは、キリストの弟子がリーダーである人の組織体を生ける神、主が愛し、神の霊を注ぎ続けてくださり、その人の組織体が良い働きに励んで、良き実を結び、光り輝く存在となってきたからです。

主イエス・キリストはキリストの弟子に、「あなたには少しばかりの力があって、わたしのことばを守り、わたしの名を否まなかったからである」とお褒めの言葉をくださいます。また、主イエス・キリストはキリストの弟子に対し、「あなたが、わたしの忍耐について言ったことばを守ったから、わたしも、地上に住む者たちを試みるために、全世界に来ようとしている試練の時には、あなたを守ろう」とお約束くださいます。主イエス・キリストと共に歩む生命の道では、さまざまな試練と困難があります。それは光の支配する教会でも同じなのです。主イエス・キリストは、生命の道の歩みで出遭うさまざまな試練と困難の時に、キリストの弟子を守ろうとお約束くださいます。

また、すべての人は、この世の生活を終え、天に召される日を迎えます。この世の歩みの最後にあって、生ける神、主を信じ、主イエス・キリストの守りと導きを信じ、主イエス・キリストの生命の道の教えに従って主イエス・キリストと共に歩み、勝利の教会であるフィラデルフィアの教会にまで来ることができた者には、主イエス・キリストがこの世の歩みの最後の時にあっても、その力強いみ手の力をもってキリストの弟子を守ってくださり、心の平安と喜びは崩れることがないというお約束は、こんなに有難いものはありません。それには、これまで主イエス・キリストと共に歩んできた生命の道の歩みから離れず、生ける神、主がお与えくださったみ言葉と使命の実践、実行、実証をどんなことがあっても手放さず、その歩みから離れないことです。

マタイの福音書七章の第七の教えは、「『主よ、主よ』と言う者がみな天の御国に入るのではなく、天におられるわたしの父のみこころを行う者が入るのです」です。また、キリストの弟子がリーダーである人の組織体の「世の光」の歩みの第七は、ラオデキヤの教会です。主イエス・キリストはラオデキヤの教会員にこのように告げられます。

ヨハネの黙示録三章一五―一八節

わたしは、あなたの行いを知っている。あなたは、冷たくもなく、熱くもない。わたしはむしろ、あなたが冷たいか、熱いかであってほしい。このように、あなたはなまぬるく、熱くも冷たくもないので、わたしの口からあなたを吐き出そう。あなたは、自分は富んでいる、豊かになった、乏しいものは何もないと言って、実は自分がみじめで、哀れで、貧しくて、盲目で、裸の者であることを知らない。わたしはあなたに忠告する。豊かな者となるために、火で精錬された金をわたしから買いなさい。また、あなたの裸の恥を現さないために着る白い衣を買いなさい。また、目が見えるようになるため、目に塗る目薬を買いなさい。

主イエス・キリストはラオデキヤの教会員に対し、「あなたはなまぬるく、熱くも冷たくもないので、わたしの口からあなたを吐き出そう」と警告を発せられます。フィラデルフィアの教会で勝利の門をくぐり抜け、主イエス・キリストと共に生命の道を歩むキリストの弟子は良き実を結び、主イエス・キリストからお褒めの言葉をいただき、一安心いたしました。しかし、ラオデキヤの教会に来ると、主イエス・キリストはキリストの弟子に、「あなたの行いは、冷たくもなく、熱くもなく、なまぬるい」と強く注意されます。

生ける神、主の目から見ると、キリストの弟子の姿は、自分自身が考えている姿とは全く違い、みじめで、哀れで、貧しくて、盲目で、裸の者に見えるのです。一度、主イエス・キリストと共に生命の道を歩み切っただけでは、生ける神、主の目には足らないところだらけなのです。

主イエス・キリストはキリストの弟子にこのように忠告されます。「豊かな者となるために、火で精錬された金をわたしから買いなさい。また、あなたの裸の恥を現さないために着る白い衣を買いなさい。また、目が見えるようになるため、目に塗る目薬を買いなさい」。

光の支配する教会にまでやって来ても、キリストの弟子は一安心してはならないのです。光の中では、光の中での働きがあるのです。光の中で霊に燃えて良き働きに励むため、主イエス・キリストはキリストの弟子に、「精錬された金、白い衣、目に塗る目薬を買いなさい」と忠告されます。主イエス・キリストから買うとは、主イエス・キリストの教えのみ言葉の実践、実行、実証に励み、それぞれのみ言葉の中に内蔵されているみ霊の働きを得て平安と喜びを得るだけでなく、生ける神、主との直接のお交わりに入る永遠のいのちを得るまで努力することです。

実践的バイブルスタディーで、主イエス・キリストの教え、山上の垂訓の学びに取り組みましたが、ラオデキヤの教会員が主イエス・キリストより忠告された、精錬された金、白い衣、目に塗る目薬とは何か、それをどこで見出すことができるのかを祈り求めたところ、与えられたのが、主イエス・キリストの教え、山上の垂訓の学びです。主イエス・キリストの教え、山上の垂訓で、マタイの福音書五章が精錬された金についての教え、六章が白い衣についての教え、七章が目に塗る目薬についての教えであることを示されました。

火で精錬された金とは、主イエス・キリストの到来以来二千年余りの歴史の中で、火のような試練を受けても、その試練に対して決して負けることなく、ますます光を放つ主イエス・キリストの教えの言葉、マタイの福音書五章の「罪について」の七つの教えの言葉のことであり、それらは罪と世とサタンとの戦いに打ち勝つための教えです。

白い衣とは、生ける神、主より与えられるみ言葉と使命の実践、実行、実証に、生ける神、主の力と助けをいただきつつ良き実を結ぶための教えの言葉、マタイの福音書六章の「義について」の七つの教えの言葉のことです。主イエス・キリストの「義について」の教えの言葉に内蔵されているみ霊なる神の働きは、その教えの言葉の実践、実行、実証に励むキリストの弟子の心を白い衣のように覆ってくださり、この世の思いが外に現れることなく、生命の道を歩むことができるのです。生ける神、主のお与えくださるみ言葉と使命の実践、実行、実証に励む時、主イエス・キリストの白い衣、すなわち「義について」の教えは、キリストの弟子の心を守り導き、心の平安と喜びを与え続けるだけでなく、この世に生きる者の自分中心の心を覆い隠し、教えの言葉の力によってキリストの弟子の心を守ってくれるのです。

目に塗る目薬とは、キリストの弟子の心の目を開き、生ける神、主のご支配くださっている霊的世界が見えるようになり、生ける神、主のみこころが何であるかをはっきり知って悟るためのもので、マタイの福音書七章の「さばきについて」の七つの教えの言葉のことです。

この世は罪と世とサタンが支配し、暗闇がこの世を覆っています。しかし、この世に人が住み、人の叫び声は生ける神、主に届きます。生ける神、主は、罪と世とサタンが支配するこの世から人を救い出し、神に喜ばれる国を建設させようと、イスラエルの民をエジプトから脱出させ、荒野の四十年の旅路で、神の言葉「十戒」と旧約聖書の律法を、イスラエルの民が約束の地で神に喜ばれる国を建設する時の土台としてお与えになりました。しかし、約束の地でのイスラエルの民の歩みは、神の言葉「十戒」と旧約聖書の律法に従って歩もうとして歩み切れず、神の前に罪を犯し、神の怒りを引き起こすものでしかありませんでした。

「神の力と助けなしでは、神に喜ばれる国の建設は人には不可能である」ということを、イスラエルの民の約束の地での歩みの結論として得た生ける神、主は、神の言葉「十戒」と旧約聖書の律法を、神の力と助けをいただきつつ一歩一歩成就して歩む生命の道の教えの言葉の体系、山上の垂訓を、ひとり子なる神、主イエス・キリストに委ね託して、世に遣わされました。

主イエス・キリストは、三十歳になった時、バプテスマのヨハネから洗礼を受け、神の霊がご自身の上に下るのをご覧になりました。そして、み霊に導かれて荒野に行き、四十日四十夜断食されたあと、サタンの三つの試練に勝利し、「天の御国が近づいた」と、御国の福音の宣教を始められました。弟子たちを選び、彼らに生命の道を教え諭すとともに、その先頭に立って生命の道を歩まれ、生命の道の教えの言葉一つ一つと共に生ける神、主のみ霊の働きがあり、神の力と助けがあり、良き実を結ぶことができることを、主イエス・キリストが率先垂範して実践、実行、実証され、模範となってくださいました。この世には罪と世とサタンの働きが満ちていますが、生ける神、主の霊の働きもあり、また、主イエス・キリストがお始めになった御国の福音の宣教による生命の道の教えの言葉と共に、神の力と助けもあるのです。

目に塗る目薬とは、暗闇、そして罪と世とサタンが支配するこの世にあって、生ける神、主のお働きや、主イエス・キリストの生命の道の教えのみ言葉による神の力を見分け、その教えの言葉の実践、実行、実証に励み、「世の光」として光を放つ存在となるためのものです。この世の人や物事は、すべてが罪と世とサタンの支配下にあるのではなく、また、すべてが生ける神、主の支配下にあるのでもなく、この世の人の心の中や働きの中では、罪と世とサタンの働きと、神の力と働きが混在しているのです。この罪と世とサタンの働きと、神の力と働きが混在している中で、生ける神、主に喜ばれるものは何かを見出せるようにするものが、目に塗る目薬です。

主イエス・キリストの教え、山上の垂訓のマタイの福音書七章は、「さばき(judgment)」、すなわち、生ける神、主に喜ばれる判断について教えられた章であり、生ける神、主に喜ばれる判断(judgment)を得るためにはどのようにしたらよいのかを教えた章です。

主イエス・キリストの教えを聞き、その教えを受け入れても、その教えに従って行動し、その実践、実行、実証に励まなければ、主イエス・キリストの教えが何を意味しているのかを正確に把握することができません。主イエス・キリストの教えを信じ受け入れるだけでなく、その教えの言葉の実践、実行に励み、この世の働きの反発を受けて試練と困難の中を歩む時、祈り求めが強められ、復活の主イエス・キリストにお会いすることができ、聖霊体験をすることができ、さらに、永遠のいのちに生きる幸いに浴します。このようなことは、主イエス・キリストの教えの言葉に従い、生ける神、主より与えられたみ言葉と使命の実践、実行、実証に励むことによって可能となるのです。主イエス・キリストの教えの言葉を信じ受け入れても、その実践、実行、実証に尻込みするようでは、隠れたマナであるみ言葉と使命をいただくこともなく、生ける神、主にある守りである白い衣をいただくこともなく、復活の主イエス・キリストに出会うこともなく、聖霊体験、そして永遠のいのちを得ることもないのです。

「『主よ、主よ』と言う者がみな天の御国に入るのではなく、天におられるわたしの父のみこころを行う者が入るのです」という、「世の光」の門の第二の門の右側の門柱に刻まれている教えのみ言葉は、主イエス・キリストの教えのみ言葉の実践、実行、実証に励んで良き実を結ぶ時、その真意がはっきりとわかります。主イエス・キリストの教えを信じ受け入れるだけでは、まだ生命の道の歩みは開始していないのです。主イエス・キリストのみ名によって預言し、主イエス・キリストのみ名によって悪霊を追い出し、主イエス・キリストのみ名によって奇蹟を行うことは実際に可能ですが、それは、生ける神、主よりみ言葉と使命を授かり、その実践、実行、実証に励んで、主イエス・キリストと共に生命の道を歩んで良き実を結ぶ働きとは全く違うことです。主イエス・キリストと共に生命の道を歩む過程で、隠れたマナであるみ言葉の導きをいただき、キリストの弟子の罪のために十字架の上で贖いの死を遂げてくださり、今もなお天上にあってキリストの弟子のために祈り続けていてくださる復活の主イエス・キリストを見出し、自らも、自分がリーダーである人の組織体のメンバー一人一人の罪の赦しのためにキリストの弟子自身の「十字架」の上で「贖いの死」を遂げて復活することを経験したり、聖霊体験をして、生ける神、主との直接のお交わりに入る永遠のいのちを得る幸いに入ることができるのです。

主イエス・キリストのみ名によって預言をしたり、悪霊を追い出したり、また、たくさんの奇蹟を行ったりしても、それは主イエス・キリストのみ名の力によってなされた業であって、その人は、生ける神、主のみこころの実践、実行、実証のために具体的な行動はしていないのです。ただ単に信じ受け入れ、み名の力に頼った働きをしましたが、生ける神、主のみこころを行おうとする意欲に欠け、具体的な行動をしない者には、生ける神、主も、主イエス・キリストも、何も手助けをすることはできないのです。

そのような者に対し、主イエス・キリストは、「わたしはあなたがたを全然知らない。不法をなす者ども。わたしから離れて行け」と宣言されます。神のみこころを行わんと生ける神、主に祈り求め、主イエス・キリストの教え、山上の垂訓に隠された生命の道を主イエス・キリストと共に歩み、復活の主イエス・キリストを見出さなければ、永遠のいのちに入ることはできないのです。

生命の道の歩み・第四ステージ

「総合管理の歩み」　第二の門

16「世の光」（Ⅲ）

「世の光」の門には、その中央に大きな文字で「世の光」と刻まれております。その大きな文字の下に「神の国とその義とをまず第一に求めなさい」という主イエス・キリストの教えのみ言葉が刻まれています。また、「世の光」の門の右側の門柱には、「わたしに向かって、『主よ、主よ』と言う者がみな天の御国に入るのではなく、天におられるわたしの父のみこころを行う者が入るのです」という主イエス・キリストの教えのみ言葉が刻まれており、左側の門柱には、「だから、わたしのこれらのことばを聞いてそれを行う者はみな、岩の上に自分の家を建てた賢い人に比べることができます。雨が降って洪水が押し寄せ、風が吹いてその家に打ちつけたが、それでも倒れませんでした。岩の上に建てられていたからです」というみ言葉が刻まれています。

主イエス・キリストの教え、山上の垂訓に隠された生命の道の歩みについて、山上の垂訓の冒頭にある九福《ベアティチュード》と「地の塩、世の光」の教えに導かれながら、その入り口であるマタイの福音書七章の第一の教えと第二の教えを学ぶことから始め、生命の道にある九つの門と、「地の塩」「世の光」の門について、それぞれの門の中央に刻まれている教えのみ言葉と、それぞれの門の左右の門柱に刻まれている主イエス・キリストの教えのみ言葉がそれぞれどのように関連し合っているか、そして主イエス・キリストと共に生命の道を歩むキリストの弟子に対してどのようなことを教え導こうとしているのかについて、実践的バイブルスタディーで学んでまいりました。

主イエス・キリストと共に生命の道を歩むキリストの弟子の歩みは、「世の光」の門が最後の門であり、「世の光」の門の左側の門柱に刻まれている「だから、わたしのこれらのことばを聞いてそれを行う者はみな、岩の上に自分の家を建てた賢い人に比べることができます。雨が降って洪水が押し寄せ、風が吹いてその家に打ちつけたが、それでも倒れませんでした。岩の上に建てられていたからです」という主イエス・キリストの教えのみ言葉が、学びの最後となります。「世の光」の教えと主イエス・キリストの最後の教えのみ言葉を、聖書に従って全文を記します。

マタイの福音書五章一四―一六節

あなたがたは、世界の光です。山の上にある町は隠れる事ができません。また、あかりをつけて、それを枡の下に置く者はありません。燭台の上に置きます。そうすれば、家にいる人々全部を照らします。このように、あなたがたの光を人々の前で輝かせ、人々があなたがたの良い行いを見て、天におられるあなたがたの父をあがめるようにしなさい。

マタイの福音書七章二四―二七節

だから、わたしのこれらのことばを聞いてそれを行う者はみな、岩の上に自分の家を建てた賢い人に比べることができます。雨が降って洪水が押し寄せ、風が吹いてその家に打ちつけたが、それでも倒れませんでした。岩の上に建てられていたからです。また、わたしのこれらのことばを聞いてそれを行わない者はみな、砂の上に自分の家を建てた愚かな人に比べることができます。雨が降って洪水が押し寄せ、風が吹いてその家に打ちつけると、倒れてしまいました。しかもそれはひどい倒れ方でした。

「世の光」とは、この世の苦しみと悲しみの中から、生ける神、主に助けを求める叫び声を上げ、その声が生ける神、主に届き、生ける神、主との出会いを体験したキリストの弟子が、生ける神、主よりこの世で実践、実行、実証すべき神のみこころであるみ言葉と使命を権威と力と共に授かり、主イエス・キリストと共に生命の道を歩み、継続して良き実を結ばせ、「世の光」として暗闇を照らす光を発することです。

主イエス・キリストと共に生命の道を歩むキリストの弟子は、自分がリーダーである人の集団、人の組織体の中に、神のみこころであるみ言葉と使命を種蒔きすることから、生命の道の歩みを開始します。主イエス・キリストと共に歩むキリストの弟子の歩みでは、種蒔きは隠れた種蒔きでなくてはなりません。生ける神、主に属することと、この世に属することは互いに相容れることはなく、反発し合うからです。良き実を得るための種蒔きは、隠れた種蒔きでなければなりません。また、主イエス・キリストと共に歩むキリストの弟子の歩みは、隠れた種蒔き、隠れた祈り、隠れた断食と続きます。種蒔きした種から芽が生えました。豊かな神の力と助けがなければ苗は成長いたしません。神の力と助けを豊かにいただくためには、隠れた祈りが必要不可欠です。人前で祈る祈りは、神に届く祈りとはなりません。祈る人の心が人に向いており、人に向かって祈る祈りは、人には届いても、生ける神、主に届くことはないのです。隠れたところで生ける神、主に祈る祈りは、生ける神、主に向かって集中して祈る祈りとなり、この隠れた祈りが積み重ねられることによって、キリストの弟子の祈りは神に届き、神の力と助けが豊かに注がれるのです。

また、隠れた断食は、生ける神、主に特別な力と助けを求める祈りです。神のみこころであるみ言葉と使命の実践、実行、実証に励み、生命の道を主イエス・キリストと共に歩むキリストの弟子に、生ける神、主は「衣食」を備えていてくださり、「衣食」に欠けることはありません。しかし、「生ける神、主が当然のこととしてお与えくださる食を控えますので、食をお与えくださる代わりに私の祈り求めを聞き届けてください」と強く祈り求めることが断食の祈りです。生ける神、主に向けた必死の祈りですから、断食の祈りこそ隠れた祈りでなくてはならず、人前で行う断食の祈りは、生ける神、主に届く祈りとはなりません。

　また、種蒔きされたみ言葉と使命が良き実を結ぶためには、神の時を待つ忍耐が必要です。すべてに時があり、生ける神、主のみこころであるみ言葉と使命の種が芽生え、成長し、結実するためには、結実の時、生ける神、主が神の力である、死者をもよみがえらせる復活の力をお注ぎくださる時を待つ忍耐が必要です。また、結実のための神の力が豊かに働くためには、キリストの弟子は、生ける神、主を信じ抜く純粋な信仰を持っていなければなりません。生ける神、主に背を向けて歩む自分中心の心が、神の力の注ぎを難しくするのです。良き結実を得るための条件は、神の時を待つ忍耐と純粋な信仰です。キリストの弟子の、神の時を待つ忍耐と純粋な信仰のゆえに、生ける神、主のよみがえりの神の力が、キリストの弟子がリーダーである人の集団、人の組織体に注ぎ込まれ、キリストの弟子による、生ける神、主より与えられた神のみこころであるみ言葉と使命の実践、実行は良き実を結び、その目的とするところを達成いたしました。

　主イエス・キリストと共に歩むキリストの弟子の生命の道の歩みは、良き働きの実を得て、収穫の歩みに入ってまいりました。収穫の歩みでは、収穫された実を良き実と悪い実にふるい分けるように、良い働き人と悪い働き人との選別が行われます。神のみこころであるみ言葉と使命の実践、実行、実証に励んだ者と、神のみこころであるみ言葉と使命の実践、実行、実証には背を向けて歩み、人の集団、人の組織体のリーダーであるキリストの弟子に不平不満を言い、生ける神、主につぶやいてばかりいた人との選別が行われます。

収穫の歩みの第一歩は、良い働き人と悪い働き人とを分け、決着をつけ、人の集団、人の組織体を整備する時です。キリストの弟子がリーダーである人の集団、人の組織体が良き実を結ぶと同時に、人の集団、人の組織体の整備を行い、生ける神、主に喜ばれる人の組織体として力をつけてくると、周囲の社会からの誘惑があります。この世の人たちは、キリストの弟子がリーダーである人の組織体が力を増して、周囲を呑み込んでしまう勢いであることに恐れを感じ、キリストの弟子がリーダーである人の組織体のメンバーを、生ける神、主に従って歩むことから離れさせようとするのです。このような誘いに乗ってしまうメンバーも出ますが、「神と富とに兼ね仕えることはできません」との主イエス・キリストの教えのみ言葉に従い、この世の誘惑から離れねばなりません。

この世の誘惑に打ち勝ったキリストの弟子がリーダーである人の組織体は、収穫した良き実をいよいよ人の組織体のメンバーに分配する時を迎えました。この時、主イエス・キリストと共に生命の道を歩むキリストの弟子は、収穫の最良のものを取って、生ける神、主に感謝の捧げ物をしなければなりません。生ける神、主への感謝の捧げ物を最初に行う時、人の組織体のメンバー一人一人の心は、生ける神、主への感謝の心に満ちます。主イエス・キリストと共に生命の道を歩むキリストの弟子がリーダーである人の集団、人の組織体のメンバー一人一人も、それぞれ努力を傾け、良き結実を得たのです。それぞれのメンバー一人一人も報酬を得る資格を持っています。しかし、生ける神、主の恵みは、人の組織体一人一人の働きよりもはるかに大きいもので、収穫のうちの最良のものを捧げて、生ける神、主への感謝の捧げ物をする時、人の組織体のメンバー一人一人は、少ない収穫であっても喜びに満ちあふれるのです。人の組織体には、老若男女いろいろな立場の人がいるのです。生ける神、主への感謝の捧げ物を捧げることをまず第一として収穫の最良のものを捧げる時、生ける神、主への感謝が人の組織体全体に満ち、人の組織体の中で、収穫の恵みから漏れる者がない分配の時を持つことができるのです。

主イエス・キリストと共に生命の道を歩むキリストの弟子の歩みは、収穫の分配の時で終わるのではありません。キリストの弟子がリーダーである人の集団、人の組織体は、得た収穫の中から、次の収穫を得るための働きの種を取り出して蓄えておかねばなりません。また、キリストの弟子が新しいみ言葉と使命の種蒔きをする前に、キリストの弟子自身の「十字架の死と復活」が待っています。新しい種蒔きを前にして、キリストの弟子を暴力をもって襲い、右の頬を打ってくる者もいます。「下着をよこせ」と言ってくる者もいます。また、「一ミリオン行け」と言う人も出るのです。キリストの弟子がリーダーである人の組織体のメンバーの中で不満を持っている者が、外部の社会の人たちと結託して要求してくるのです。右の頬を打つ者には左の頬を差し出しても、暴力に屈してはいけません。「下着をよこせ」と言う者には、上着まであげてしまいなさい。「一ミリオン行け」と言う者には、二ミリオン共に行きなさい。これが主イエス・キリストの教えのみ言葉です。要求をしてくる者は、何らかの根拠を持っているのです。要求する倍のものを差し出す時、その者はもう要求することはできなくなるのです。

主イエス・キリストと共に生命の道を歩むキリストの弟子の「十字架の死と復活」は、避けて通ることはできません。キリストの弟子の「十字架の死」とは、主イエス・キリストと共に生命の道を歩むキリストの弟子の総決算です。主イエス・キリストと共に歩んだ生命の道の歩みのすべてを携えて、生ける神、主の前に出て評価を受け、改めて新しい生ける神、主のみこころであるみ言葉と使命を授かり、主イエス・キリストと共に歩む新しい生命の道の歩みに挑戦するのです。このような、主イエス・キリストと共に生命の道の歩みを繰り返すキリストの弟子と、キリストの弟子がリーダーである人の組織体は、神の力によって潔められ、神の力の注ぎが次第に強まり、光を発するようになり、「世の光」として輝いてくるのです。

主イエス・キリストの教え、山上の垂訓に隠された生命の道の教えの言葉の体系は、生ける神、主より神のみこころであるみ言葉と使命を権威と力と共に授かり、主イエス・キリストと共に生命の道を歩んで「世の光」としての働きに勤しむ「義について」（生ける神、主に喜ばれる行いについて）の教えが中心ですが、「罪について」（罪と世とサタンの働きを押さえ込むことについて）の教えも同様に重要なものです。良き働きに励み、「世の光」として世を照らす働きをするための「義について」の教えとその実践、実行、実証を、家の建設とその結果築き上げるキリストの弟子を中心とする人の組織体づくりと表現すると、罪と世とサタンの働きを押さえ込み、しっかりと地固めをする「罪について」の教えとその実践、実行、実証は、その家を建て上げるための地盤づくり、建物の基盤づくりと表現することができます。

罪と世とサタンの働きを押さえ込み、その基盤の上に家を建てるための地盤づくり、基礎づくりは、「さばいてはいけません。さばかれないためです」という、生命の道の入り口の右側にあるみ言葉の実践、実行、実証から始まります。さばくとは、周囲の人や出来事を非難し否定することです。人はどうして周囲の人や出来事を非難し否定するのでしょう。周囲の人や出来事を非難し否定する裏には、その人自身がどうしたらよいかわからなくなって困っている事実があるのです。どうしたらよいかわからず、困っている原因を周囲の人や出来事に見つけて、その存在を非難したり否定したりして、自分自身を正当化することに懸命なのです。なんとかして困っている事柄の原因を取り除けば問題が解決すると考え、周囲の人や事柄を非難し否定するのです。

しかし、生ける神、主は、人が困って苦しんだり悲しんだりしている時は、目を人に向け、人や物事に対して非難したり否定したりするのではなく、目を天に向け、生ける神、主の力と助けをいただくべく叫び声を上げなさいと導いておられます。人は有限なものを求め合い、奪い合って、混乱と争いの中に陥るのです。目を天に向け、生ける神、主に助けを求める叫び声を上げ、その祈り求めが、生ける神、主に届く時、生ける神、主は、み手を動かし、助けの手を伸ばして、生ける神、主との出会いを体験させてくださるのです。生ける神、主との出会いを体験する時、生ける神、主は、キリストの弟子がこの世で実践、実行、実証すべき神のみこころであるみ言葉と使命を、生ける神、主にある権威と力を添えてお与えくださいます。この生ける神、主より授かった神のみこころであるみ言葉と使命、生ける神、主にある権威と力が、聖なるもの、真珠のように尊いものであって、神のみこころであるみ言葉と使命を、キリストの弟子がリーダーである人の集団、人の組織体に種蒔きするのです。

この世の人や物事から目を離し、天を見上げ、生ける神、主との出会いを体験して授かった、生ける神、主のみこころであるみ言葉と使命を、キリストの弟子がリーダーである人の組織体に種蒔きするのですから、その種蒔きも育成結実のための祈りも、隠れた種蒔き、隠れた祈りでなければなりません。さもなければ、この世の人や事柄によって、み言葉と使命の種蒔きや祈りが妨げられてしまいます。生ける神、主より授かった、生ける神、主のみこころであるみ言葉と使命には、生ける神、主の権威と力が共にあり、生命の力が宿っていますから、そのみ言葉と使命の種はすぐに芽を出します。み言葉と使命の種が芽を出したなら、育成結実の努力をし、良き実を稔らせて収穫します。

主イエス・キリストと共に歩むキリストの弟子の生命の道の歩みにあって、神の言葉「十戒」や旧約聖書の律法に反する教えを教えたり、生ける神、主のみこころに反する行いをしてはいけません。キリストの弟子がリーダーである人の組織体には、生ける神、主の霊が共にあり、主イエス・キリストが共に生命の道を歩んでくださるのですから、神の言葉「十戒」や旧約聖書の律法に反する行いをして、生ける神、主の霊がキリストの弟子から離れ去り、主イエス・キリストの教えのみ言葉から離れ、聖霊の働きが失われる時、キリストの弟子は全く力を失い、人の組織体のリーダーの地位も、生ける神、主にある力も失って、ただ人に踏みつけられても何もできない存在になってしまうのです。主イエス・キリストの教え、山上の垂訓に隠された生命の道の教えの言葉の体系は、神の言葉「十戒」と旧約聖書の律法を一歩一歩成就して歩む教えであって、主イエス・キリストの生命の道の教えのみ言葉を一つ一つ実践、実行、実証して歩むことが、主イエス・キリストと共に生命の道を歩むキリストの弟子の歩みなのです。

さて、主イエス・キリストと共に生命の道を歩むキリストの弟子がリーダーである人の集団、人の組織体の中にはさまざまな人がおり、神のみこころなど全く知ろうともせず、この世の思いに振りまわされている人たちもいます。そのような人たちであっても、人の集団、人の組織体の仲間です。どのような人であってもも、人の集団、人の組織体の仲間に対し、その人の集団、人の組織体のリーダーであるキリストの弟子は、「能なし」とか「ばか者」と言って、その人を全面的に否定したり非難したりしてはいけません。人の集団、人の組織体の仲間の人を全面的に否定したり非難したりする時は、人の集団、人の組織体の中で働いている生ける神、主の霊やその働きを全面的に否定したり非難したりすることになるからです。主イエス・キリストは、どんな非難や迫害を受けても、その人たちを全面否定したり非難したりすることはありませんでした。主イエス・キリストは弟子たちの罪を赦し、その罪を担って弟子の先頭に立って生命の道を歩まれ、また、主イエス・キリストを迫害し、十字架につけて殺そうとする人たちも、神のみこころのゆえにその人たちのために祈ったのです。生ける神、主のみこころに従うことに完全であることを期して、キリストの弟子は、主イエス・キリストと共に生命の道を歩まなければならないのです。罪との戦いでは、主イエス・キリストの助けなしには勝利はありません。

生命の道の育成結実の歩み、人の組織体の充実強化の歩みでは、その人の集団、人の組織体のリーダーであるキリストの弟子は、キリストの弟子がリーダーである人の集団、人の組織体のメンバー一人一人の罪を赦し、その罪を担って歩み、キリストの弟子自身の「十字架の死と復活」によって、それらの罪の代償を支払う覚悟をしなければ、キリストの弟子がリーダーである人の組織体のメンバーは罪からの解放が得られず、自由な働きができません。人の集団、人の組織体のメンバーの罪を赦し、その罪を自分自身の「十字架の贖いの死」で代償を支払うことを前提にして「再び罪を犯してはいけません」と命ずることによって、そのメンバーを生ける神、主のみこころの実践、実行、実証に励む人とすることは、キリストの弟子の育成結実の歩みのあるべき姿です。また、人の集団、人の組織体の中には、生ける神、主より与えられたみ言葉と使命の実践、実行に目が開かれていない人がいます。生まれつき心が盲目で、仕事のあるべき姿を見聞きできない者の目を開き、生ける神、主より与えられたみ言葉と使命の実践、実行、実証に励む者とすることとは、育成結実の歩み、人の組織体充実強化の歩みでは必要不可欠です。

また、育成結実の歩み、人の組織体の充実強化の歩みでは、キリストの弟子は、その人の組織体のメンバー一人一人に食べ物や水を与え、その働きに支障がないようにするだけでなく、良い働きに励むことができるようにし、もし外敵が襲ってくれば身体を張って外敵と戦い、その人の組織体のメンバーを守ることが、キリストの弟子の大切な役目なのです。キリストの弟子がこのような働きをすることができるのは、生ける神、主の霊がキリストの弟子と共にあり、主イエス・キリストが生命の道を共に歩んでいてくださるからなのです。世との戦いは、み言葉と使命の実践、実行に集中して励む人を育成することによって勝利を得ます。

収穫の歩みの最後には、キリストの弟子の「十字架の死と復活」が待っています。サタンとの戦いとは、地位、名誉、財産等、世の誘いとの戦いです。収穫の歩みの最後に、キリストの弟子に向かって暴力によって襲いかかり、右の頬を打ってくる者や、「下着をよこせ」と裁判に訴える者や、「一ミリオン行け」という者が出現します。この世の誘いに乗らず、主イエス・キリストの教えから離れず、生ける神、主より授かったみ言葉と使命を手放さないキリストの弟子に対して、実力行使をしたり、裁判に訴えたり、この世の楽しみに誘ったりするのです。悪者には手向かわないようにしなさい、というのが主イエス・キリストの教えの言葉です。「あなたの右の頬を打つような者には、左の頬も向けなさい」と主イエス・キリストは教えますが、暴力に屈してはなりません。右の頬を打つ者に左の頬を打たせない信仰と気迫が必要と思います。裁判に訴えてまで「下着をよこせ」と言う者は、何らかの根拠を持っているのです。上着まで差し出す時、もう何も要求できなくなります。「一ミリオン行け」というのは、「この世の楽しみを教えてあげよう」と言うことです。神のみこころに反しないかぎり、もう一ミリオン共に行けば、この世の楽しみは、生ける神、主にある平安と喜びとは比べものにならないもので、その人はもう何も言えなくなります。

この世の人の反撃が終わると、キリストの弟子の「十字架の死と復活」がキリストの弟子を待っています。サタンは生殺与奪の権を持っていると主張します。サタンの最後の切り札は死です。キリストの弟子の「十字架の死」は、新しい生命の道の歩みに移るために、生ける神、主の前に出ることです。キリストの弟子は、そこで新しいみ言葉と使命をいただき、新しい働きの種をいただいて、新しい生命の道の歩みを開始します。また、キリストの弟子の「十字架の死」は、キリストの弟子がリーダーである人の集団、人の組織体のメンバー一人一人の罪の代償を支払うことです。キリストの弟子は、人の組織体のメンバーを、み言葉と使命の実践、実行、実証に励む者とするため、その罪を担って生命の道を歩んできました。生命の道の最後にある、キリストの弟子自身の「十字架の上での贖いの死」によって、それまで担ってきた人の組織体のメンバー一人一人の罪の代償となる時、生ける神、主も、主イエス・キリストも、キリストの弟子を見捨てず、生ける神、主にある復活の神の力をお注ぎくださり、主イエス・キリストのおられる生ける神、主のみもとに復活させてくださり、同時にその復活の神の力を、キリストの弟子がリーダーである人の組織体に注ぎ、その人の組織体を光り輝く「世の光」としてくださるのです。サタンの働きは、主イエス・キリストの十字架の死と復活で力を失い、主イエス・キリストはサタンの働きに勝利されています。主イエス・キリストと共に生命の道を歩むキリストの弟子も、主イエス・キリストと共に「十字架の死」という火のような試練をくぐり抜けて、生ける神、主のみもとに復活し、永遠の生命に生きる幸いを得るのです。

主イエス・キリストの教え、山上の垂訓に隠された生命の道の教えの言葉の体系は、生ける神、主より、神のみこころであるみ言葉と使命を権威と力と共に授かったキリストの弟子が、主イエス・キリストと共に一歩一歩、生命の道を歩んで、「世の光」として暗闇を照らす教えの体系ですが、それだけではなく、この世を支配する罪と世とサタンの働きを押さえ込み、良き働きを支える基礎づくりをするための教えの体系です。神のみこころを行おうとして努力しても、主イエス・キリストの教え、山上の垂訓に隠された生命の道の教えの言葉の体系に従って、一歩一歩、主イエス・キリストと共に歩み、罪と世とサタンの働きに勝利するのでなければ、建てる家の基盤づくりに失敗し、この世の試練や困難、雨風が襲う時、その建てた家は倒れてしまうのです。

主イエス・キリストは、生命の道の教えの言葉の最後の「世の光」の門で、主イエス・キリストの生命の道の教えの言葉の総まとめとして、「主よ、主よ」と言うだけでなく、神のみこころであると示されたみ言葉と使命の実践、実行、実証に全身全霊をあげて励む者となりなさい、また、その神のみこころを実践、実行、実証するにあたり、主イエス・キリストから教わった生命の道の教えの言葉を学び受け入れて、生命の道を一歩一歩、主イエス・キリストと共に歩み、神の力と助けをいただきつつ神に喜ばれる良き実を結ばせ、罪と世とサタンの働きに打ち勝つために、生命の道の教えの言葉一つ一つを、一歩一歩、主イエス・キリストと共に実践、実行、実証する者となりなさいと導いておられるのです。神のみこころの実践、実行に励んでも、生命の道の教えの言葉から離れてはならないのです。

生ける神、主の力を豊かに受けつつ、主イエス・キリストの生命の道の教えの言葉に従い、一歩一歩、主イエス・キリストと共に生命の道を歩み、その歩みを歩み切る時、しっかりした人の組織体の基盤固めができ、その働きの基盤の上に、み言葉と使命の種蒔き、育成結実、収穫の歩みが繰り返されて、キリストの弟子がリーダーである人の集団、人の組織体は、世の光として光り輝く働きを継続して行うことができるのです。

おわりにあたって

ジュリアン・N・飯島
（山崎製パン株式会社 代表取締役社長）

日本では古来より、神は、地震、津波、台風など、天変地異を引き起こすものとして恐れられ、敬遠されがちで、いつもは神棚にいてくださって、どうしても神の力と助けが必要な時に「降りてきてください」とお願いする存在でした。

イスラエルの民をエジプトから救い出された生ける神、主は、人を隷従の生活から引き出して救い出し、生ける神、主を礼拝する民、自主性、主体性を持つ民としてくださるだけでなく、この世において神に喜ばれる民として、自分たちが奴隷の生活に苦しみ、神に叫び声を上げ、助けを求めたのだから、その国の中で、神に助ける同じ叫び声が上がらないような国の建設を約束の地カナンでするように導かれました。しかし、約束の地カナンでは、人は神の力と助けをいただく以外に神に喜ばれる国の建設はできないということを証明してしまうことしかできませんでした。生ける神、主がイスラエルの民にお与えになった神の言葉「十戒」と旧約聖書の律法は、神の力と助けなしに実践、実行、実証することのできないものであるとの結論を、約束の地カナンにおけるイスラエルの民の歴史を通して得たのです。その結果、生ける神、主は、神の言葉「十戒」と旧約聖書の律法を一歩一歩、神のみこころを成就して歩み、良き実を結ばせる生命の道の教えの言葉の体系を、ひとり子なる主イエス・キリストに委ね託して世に遣わされ、主イエス・キリストは三年半の公生涯を歩まれました。

主イエス・キリストの三年半の公生涯は、バプテスマのヨハネからヨルダン川で洗礼を受け、神の霊が鳩のように主イエス・キリストの上に降りてとどまられたことから始まります。神の力と助けをいただくためには、主イエス・キリストであっても洗礼を受け、生ける神、主の霊を受けることから神の国の建設を始められたのです。み霊に導かれて四十日四十夜の断食の時を持たれましたが、それは神の霊と主イエス・キリストの内に宿る霊との一体化に要した期間だと示されています。その後、試みる者が来て、三つの試みをいたします。罪の試み、世の試み、サタンの試みです。神の霊と主イエス・キリストの内に宿る霊との一体化が完全であるかどうかを試みる試練です。

罪と世とサタンの試みに勝利された主イエス・キリストは、「天の御国が近づいた」とおっしゃられ、福音宣教を開始されました。神の力によって人々の病を癒しつつ弟子たちをお集めになり、生ける神、主より委ね託された神の言葉「十戒」と旧約聖書の律法を一歩一歩、神の力と助けをいただきつつ、神のみこころを成就して歩み、神に喜ばれる良き実を結ばせる、主イエス・キリストの教え、山上の垂訓に隠された生命の道の教えの言葉の体系を弟子たちやイスラエルの民に教えられただけでなく、三年半の公生涯を通し、弟子たちの先頭に立って、ご自身が教えられた生命の道を歩まれ、生命の道の教えの言葉一つ一つとともに生ける神、主の霊の働きがあって、生命の道の教えの言葉に従って歩むならば、神の力と助けがあり、神のみこころにかなう歩みが可能であり、生命の道を歩むならば、生ける神、主に喜ばれる神の国の建設が可能であるということを実践、実行、実証される歩みの最後には、十字架の死と復活が待っています。主イエス・キリストは生命の道を歩み切り、全世界の人々に、生ける神、主に至る道を切り開くために、十字架の死をも恐れず、生ける神、主に従われ、三日間、冥府におられましたが、三日目に生ける神、主の力によってよみがえられ、天に昇り、生ける神、主の右の座に着座されました。生ける神、主の右の座に着座された主イエス・キリストは、生ける神、主に、三年半の公生涯の間中、常に主イエス・キリストの心の中に住んで、主イエス・キリストを守り導き、あらゆる神の業、奇蹟の原動力であったみ霊なる神と弟子たちの助け主を聖霊としてお遣わしくださるようにお願いしてくださいました。生ける神、主も心から同意され、五旬節、ペンテコステの日にエルサレムの二階の部屋で祈っていた弟子たちの上に聖霊が大音響とともに降りました。激しい風が吹いてくるような響きが起こり、彼らのいた家全体に響き渡りました。また、炎のような分かれた舌が現れ、一人一人の弟子の上にとどまりました。すると、みな聖霊に満たされ、み霊が話させてくださるとおりに異国の言葉で話しだしました。イスラエルの民の救いの歴史は、主イエス・キリストの十字架の死と復活によって終わりの時を迎え、全世界の人々の救いの歴史がここから始まり、主イエス・キリストの弟子たちによる世界宣教の歴史がここから始まるのです。

主イエス・キリストの弟子たちによる世界宣教が始まってから二千年の年月を経て、生ける神、主の働きは、エルサレム、サマリヤ、イスラエルの全土から発し、ギリシャ、ローマ、ヨーロッパ、アメリカを経て、今やアジア諸国に及ばんとしています。

ヨーロッパにおける宗教革命、ルネッサンス、産業革命を経て、生ける神、主の働きと主イエス・キリストの教えは近代文明、現代の産業の基盤となっています。日本は「和魂洋才」と言って、ヨーロッパの文明文化を取り入れるのに際し、日本人の魂、大和魂の上に植木したり接ぎ木したりして、西洋文明、西洋文化の実や技を受け入れてきましたが、西洋文明、西洋文化の土壌である、神の言葉「十戒」や、旧約聖書の律法や、主イエス・キリストの教え、山上の垂訓に隠された生命の道の教えの言葉の体系には無関心でした。しかし、世界宣教が開始されて二千年、生ける神、主と主イエス・キリストの生命の道の教えの言葉による救いの業がアジアに及ばんとしている今日、生ける神、主と主イエス・キリストの生命の道の教えの言葉の体系が何であり、日本人にとって何を意味するのかを理解して歩む取り組みを開始すべき時が来ております。

ヤマザキパンはピーター・ドラッカーの教えに導かれ、事業は成長発展いたしましたが、混乱と争いから抜け出すために、社主夫妻と私の三人は揃って受洗しました。それから十一日目の朝、ヤマザキパンの武蔵野工場が生産設備を全焼する火災に遭遇しました。社主は池の上キリスト教会の講壇の前で、「この火災は、ヤマザキがあまりにも事業本位に仕事を進めてきたことに対する神の戒めです。これからのヤマザキは神の御心にかなう会社に生まれ変わります」と祈り、社主、社主夫人、私の三人は新しい出発をしました。

飯島一郎前社長は、武蔵野工場の火災の当日、従業員の全員無事を確認した後、武蔵野工場の従業員を関東六工場に分散して派遣し、武蔵野工場分の製品の製造を夜勤であたる体制をとりました。このことはヤマザキパン全工場において、緊急事態に対処して、燃えて社業に励むヤマザキの精神をよみがえらせました。武蔵野工場は火災の当日と翌日は、販売店に製品をお届けすることはできませんでしたが、三日目からは、関東六工場で夜勤で製造された製品が、火災を免れた武蔵野工場の配分場に集結され、通常どおりの配分配送が行われ、販売店を通してお客様に製品をお届けすることができました。

武蔵野工場復旧プロジェクトチームの一員として武蔵野工場の焼け跡に立った私は、大変不思議なものを目にいたしました。火が武蔵野工場を包み、生産設備は全焼してしまいましたが、火災にあっても損なわれることのないヤマザキの仕事は生き生きと働いておりました。私は、火によっても損なわれることのないヤマザキパンの仕事の本質を見出し、それを守り抜くことがヤマザキパンに与えられた使命であると示されました。それは、どんな試練や困難に出遭っても、販売店から注文のあった品は、良品廉価・顧客本位の精神で製造し、販売店を通してお客様に提供するということです。

武蔵野工場の復旧は迅速に行われ、焼け跡の整理と図面の作成・発注に一か月、工場棟の建設と機械設備の設置に三か月、火災のあった日は一九七三（昭和四八）年七月二十六日でしたが、十一月初めには食パンラインが稼働を開始し、十二月初めには全ラインが稼働し、竣工式を行って、武蔵野工場は最先端の機械設備を備えたヤマザキパンの最有力工場として復活いたしました。翌一九七四（昭和四九）年はオイルショックの影響で物価の急激な上昇があり、パンの価格も一・五倍となり、復旧なった武蔵野工場は翌年からしっかりと収益を上げるヤマザキパンの最有力工場としてよみがえり、新しいヤマザキのスタートの象徴となりました。

飯島藤十郎社主は武蔵野工場の復旧を目指し、それまで休養状態でしたが、社長に復帰し、健康回復にも意欲をもって取り組みました。しかし、社長となった社主を社長の座から引きずりおろそうとする力が働き始め、ヤマザキパンの紛争は再燃し、混乱と争いの中に陥ってしまいました。生ける神、主の力は社主と共にあると信じた私たちは、社主夫妻を中心に一致を保ち、努力を重ねました。飯島一郎前社長も、私たち社主サイドの者たちも、生ける神、主より支えられて、ヤマザキパンの仕事の本質から目を離さず、手を離さなかったことにより、一九七九（昭和五四）年三月末には、ヤマザキパンの新体制、飯島藤十郎社主の意を体する経営陣の出発となり、私が社長に就任いたしました。

祈り求めつつ社長に就任した私は、常に聖書のみ言葉の導きを求め、全身全霊をあげて社業の前進に努めてまいりました。新体制発足後のヤマザキパンの経営において、池の上キリスト教会、山根可式牧師が聖日礼拝でよく説教されたヨハネの黙示録にある七つの教会が導きとなり、一歩一歩、社内体制固めが進みました。試練と困難は絶えることなく続き、祈り求める生活が続きました。しかし、生ける神、主にある平安と喜びは消えることなく私たちを導き、良き道を示し続けてくれました。

飯島藤十郎社主は一九八九（平成元）年十二月四日、天に凱旋されました。山根可式牧師の霊的賜物をいただいた飯島藤十郎社主は、妻、和の夢の中に現れ、社主の生地である三鷹の社主宅の一番高いところに立って、「杉の皮でふく、真っ赤な血でふく」と叫んでいる姿を現しました。この夢に導かれ、母、和は、三鷹の社主宅の道路に面した三百坪の土地に教会堂を建設して教会に寄附するので、池の上キリスト教会に三鷹の地に移転してくださらないだろうかと提案しました。教会堂の建設、教会の移転を検討していた池の上キリスト教会は、喜んで飯島和社主夫人の提案を受け入れてくださり、池の上キリスト教会の三鷹の地への移転が決定いたしました。

三鷹の地での新会堂は、在来の規模の三倍としたことで、池の上キリスト教会の教会成長は必要不可欠のものとなりました。テキサス州ダラスのボブ・ビュフォード氏は米国のラージチャーチ、メガチャーチの教会成長のための財団を設立し、教会成長のためのカンファレンスを開催しておられましたので、米国出張の折、ビュフォード氏にお会いし、教会成長の要諦をお伺いしました。するとビュフォード氏は「神を求める人に手を差し伸べることだ」とお教えくださいました。そこで、牧師と相談し、三鷹の地への移転に際する池の上キリスト教会の使命を、「神を求める人に手を差し伸べ、三百人出席の礼拝を実現する」として教会内に発表いたしました。

すると、男性教会員から「もっと聖書を勉強したい」という声が上がりました。牧師は十分な働きをしておられ、さらに求めることは無理と判断され、外部の先生にお願いすることにも無理があり、私自身が講師となって、二週間に一度の頻度で実践的バイブルスタディーを実施し、ヤマザキパンの経営を通して得た聖書の知識と体験を分かち合うことにいたしました。私自身の知識とか体験を分かち合うことは、すぐに限度が来てしまいます。また、神の力と助けを得ない限り、実践的バイブルスタディーの継続は不可能であると知り、祈り求めた結果、神の恵みにあずかり、神の力と助けをいただいて、十九年間にわたり実践的バイブルスタディーを継続してくることができました。

実践的バイブルスタディーでは、箴言三章一―一二節をクリスチャン・ビジネスマンの心構えとして学び、ヨハネの黙示録二、三章にある七つの教会にヤマザキパンの事業経営の経験、体験を重ねて学びました。また、マタイの福音書五―七章にある主イエス・キリストの教え、山上の垂訓は、ジョン・ストット著『クリスチャン・カウンターカルチャー』を直訳するようにして学びました。しかし、マタイの福音書七章の学びをジョン・ストット博士は「人間関係の章」としておりましたが、私は「神に喜ばれる判断(Judgment)の章」であると導かれ、『クリスチャン・カウンターカルチャー』から離れ、ヤマザキパンの事業体験から実践的バイブルスタディーをいたしました。しかし、マタイの福音書七章一三、一四節にある「いのちに至る小さい門、狭い道」については、その門が何であり、その道がどこにあるのかを見出すことができず、堂々巡りとなってしまいました。そこで、実践的バイブルスタディーに参加してくださっている方々からのアドバイスもあり、実践的バイブルスタディーの最初から改めて学び直しました。二回目の山上の垂訓の学びでは、マタイの福音書七章への挑戦をやめて、改めて三回目の学びを箴言の学びから始め、いよいよ三回目のマタイの福音書の学びに取り組みました。二〇〇〇年頃のことです。

二〇〇〇年七月、ヤマザキパンでは、虫クレームに起因する製品回収を新聞、テレビ等のマスコミより求められ、食品安全衛生管理システムの充実強化に取り組み、約三か月でヤマザキパン独自の虫クレーム対策を見出しましたが、米国における虫クレーム対策の実情を調査したところ、米国のパン学校、ＡＩＢ（American Institute of Baking）がフード・セーフティー統合基準による指導監査システムを行っており、五十年に及ぶ歴史を持っていることを知り、早速、米国に出張してＡＩＢを訪れ、ヤマザキパンの見出した独自の虫クレーム対策と比較しました。ＡＩＢのフード・セーフティー統合基準による指導監査システムは科学的根拠を持っており、ヤマザキパン独自の虫クレーム対策より優れていると判断し、即座にヤマザキパンに導入することとし、万全を期しました。ヤマザキパン独自の虫クレーム対策を見出す過程で、ヤマザキパンは月次で赤字となる体験をして、大変苦しみました。二〇〇一年夏、虫クレーム対策は万全であると判断した私は、ヤマザキパンの業績向上を期するための努力を開始し、私は生産面に自信を持っていたため、営業面の努力をいたしました。しかし、それは全くの失敗で、販売促進費の増加となり、かえって業績は大きく低下してしまいました。

このようなことを継続すると、経営危機に陥ります。私自身の限界に挑戦すべきだと示されました。私自身の限界と言えば、実践的バイブルスタディーでどうしても「いのちに至る小さい門、狭い道」を見出すことができないことでした。実践的バイブルスタディーの学びの実である「One Love One God」のチャートを前にして祈り込みました。主イエス・キリストの教え、山上の垂訓にある九福《ベアティチュード》と「地の塩、世の光」の教えは、主イエス・キリストと共に歩むキリストの弟子の歩みであって、キリストの弟子の歩みは道となっていることはよく承知をしており、それはすでに池の上キリスト教会の記念誌として出版しておりました。しかし、九福《ベアティチュード》と「地の塩、世の光」を「いのちに至る小さい門、狭い道」と考えるには無理がありました。さらに祈りを深め、求め続けていくうちに、九福《ベアティチュード》と「地の塩、世の光」の教えが伏線となっている生命の道が、主イエス・キリストの教え、山上の垂訓に隠されているのではないかと示され、具体的にチェックいたしました。「心の貧しい者は幸いです」と「さばいてはいけません。さばかれないためです」、「聖なるものを犬に与えてはいけません。また豚の前に、真珠を投げてはなりません」という教えの内容は見事に一致しており、生命の道の教えの入り口がそこにありました。次に、「悲しむ者は幸いです」と「隠れた種蒔き」、「隠れた祈り」を一体として考えることができるかを検討いたしましたが、これも見事に一致しておりました。主イエス・キリストの教え、山上の垂訓は、九福《ベアティチュード》と「地の塩、世の光」の教えに導かれる生命の道の教えの言葉の体系となっていることを見出しました。

私は自分で見出しただけでは不安でしたので、第十一回ドラッカー財団カンファレンスに出席して、ハーバード大学のロザベス・モス・カンター教授の開会講演、ピーター・ドラッカー博士の基調講演に耳を傾け、また、その他の講義にも参加いたしました。九・一一同時多発テロ直後のカンファレンスで、米国内も緊張にみなぎっていました。しかし、カンター教授の講演もドラッカー博士の講演も、その他の講義の内容もすべて、主イエス・キリストの教え、山上の垂訓に隠された生命の道の教えの言葉の体系に内包されるものであるとの確信を持ちました。そのカンファレンスの帰りがけに私は、山上の垂訓に隠された生命の道についてドラッカー博士に報告しました。その後、ドラッカー博士は、山上の垂訓に隠された生命の道の教えについて大変興味を示され、私に会うたびに「日本においても出版しなさい。日本だけでなく米国においても出版しなさい」とアドバイスをくださいました。

私は、山上の垂訓に隠された生命の道を見出しただけでは本を出版することは実務家として不可能であると考え、ヤマザキパンの事業経営の中でその実践、実行、実証に励んできました。生命の道の教えによると、すべての仕事は種蒔きから始まります。神に喜ばれる仕事の種蒔きとは、「さばいてはいけません。さばかれないためです」という教えのみ言葉に従い、周囲の人や物事に対して非難したり否定したりしないことです。また、「聖なるものを犬に与えてはいけません。また豚の前に、真珠を投げてはなりません」という教えのみ言葉に導かれ、生ける神、主に祈り求め、与えられたみ言葉と使命、仕事のあるべき姿を決して手放さず、投げ捨てず、それを仕事の種として仕事の種蒔きをするのです。蒔かれて種が芽を出せば、神の力と助けをいただきつつ育成し、成長を開始したら、水をやったり雑草を取ったりしてお世話をします。また、野の獣が荒らさないように体を張って守り、実を結んだら、人が盗まないようにその収穫を守ります。種蒔きの歩み、育成結実の歩み、収穫の歩みでは、それぞれなすべき働きがあり、神の力と助けが必要です。

私は食パン部門、菓子パン部門、和菓子部門、洋菓子部門の小委員会を開催し、種蒔きの歩みから、部門別製品施策、営業施策、小委員会による「なぜなぜ改善」に取り組みました。また、関係会社でもいろいろな問題が発生しましたが、生命の道の教えの言葉に導かれて努力を重ねた結果、それぞれが道を見出し、前進を開始いたしました。

生命の道の教えの言葉の体系に従って歩み始めてから十年、生命の道の教えの言葉が九福《ベアティチュード》と「地の塩、世の光」の教えとどのように関連しているのかを改めて学び直したものが本書の内容です。「地の塩、世の光」の教えは大変難しく、二度三度と学び直しました。

ピーター・ドラッカー博士のご助言に従って、主イエス・キリストの教え、山上の垂訓に隠された生命の道の教えの言葉の体系について出版できることを心より感謝いたします。また、池の上キリスト教会の実践的バイブルスタディーに参加してくださっている教会員の皆さんと家内、紀子に感謝します。教会員の方々は入れ替わりはありますが、毎週三十名余りの出席があり、熱心に実践的バイブルスタディーに続けてご参加くださり、開始以来十九年となりました。また、家内、紀子は実践的バイブルスタディーの司会を毎回務め、細かい配慮をしながら私を支えてくれました。

本書が読者の方々に何らかのお役に立つことを願いつつ筆を擱きます。

二〇一二年四月

ジュリアン・N・飯島

1941年生まれ。1964年、一橋大学経済学部卒業後、山崎製パン株式会社入社。1966年、ボロー・ポリテクニック（現英国ロンドン・サウスバンク大学）卒業。1970年、山崎製パン株式会社取締役となり、1979年には代表取締役社長に就任。

現在、日本パン工業会会長、財団法人飯島記念食品科学振興財団理事長、公益財団法人国際開発救援財団理事長、ワールド・ビジョン・ジャパン副理事長。

米国ドラッカー財団のアドバイザリーボードの一員としてピーター・ドラッカー博士に師事。現在、ドラッカーインスティチュートの理事としてドラッカー経営理論の啓蒙につとめる。

ＤＴＰ制作・編集　雑賀編集工房

池の上キリスト教会 実践的バイブルスタディー

山上の垂訓に隠された
生命の道

2012年６月１日発行

著者　池の上キリスト教会 実践的バイブルスタディー
ジュリアン・N・飯島
（山崎製パン株式会社 代表取締役社長）

発行　いのちのことば社
〒164-0001　東京都中野区中野2-1-5
編集　Tel.03-5341-6924　Fax. 03-5341-6932
営業　Tel.03-5341-6920　Fax. 03-5341-6921
e-mail support@wlpm.or.jp

印刷・製本　モリモト印刷株式会社

Printed in Japan

ISBN978-4-264-02967-0 C0016

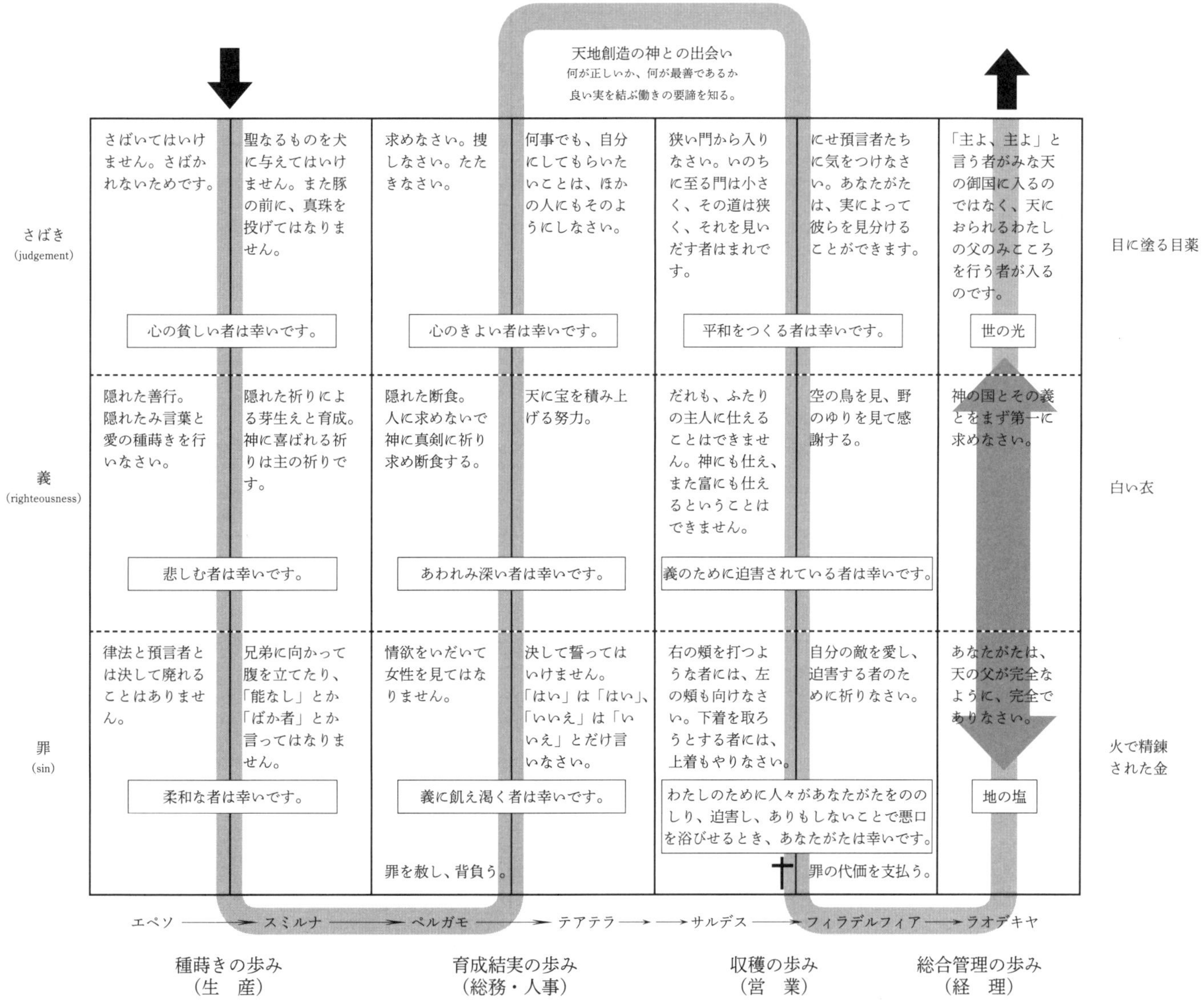
天地創造の神との出会い
何が正しいか、何が最善であるか
良い実を結ぶ働きの要諦を知る。

さばき
(judgement)

さばいてはいけません。さばかれないためです。

聖なるものを犬に与えてはいけません。また豚の前に、真珠を投げてはなりません。

求めなさい。捜しなさい。たたきなさい。

何事でも、自分にしてもらいたいことは、ほかの人にもそのようにしなさい。

狭い門から入りなさい。いのちに至る門は小さく、その道は狭く、それを見いだす者はまれです。

にせ預言者たちに気をつけなさい。あなたがたは、実によって彼らを見分けることができます。

「主よ、主よ」と言う者がみな天の御国に入るのではなく、天におられるわたしの父のみこころを行う者が入るのです。

目に塗る目薬
心の貧しい者は幸いです。

心のきよい者は幸いです。

平和をつくる者は幸いです。

世の光
義
(righteousness)

隠れた善行。隠れたみ言葉と愛の種蒔きを行いなさい。

隠れた祈りによる芽生えと育成。神に喜ばれる祈りは主の祈りです。

隠れた断食。人に求めないで神に真剣に祈り求め断食する。

天に宝を積み上げる努力。

だれも、ふたりの主人に仕えることはできません。神にも仕え、また富にも仕えるということはできません。

空の鳥を見、野のゆりを見て感謝する。

神の国とその義とをまず第一に求めなさい。

白い衣
悲しむ者は幸いです。

あわれみ深い者は幸いです。

義のために迫害されている者は幸いです。

罪
(sin)
律法と預言者とは決して廃れることはありません。
兄弟に向かって腹を立てたり、「能なし」とか「ばか者」とか言ってはなりません。
情欲をいだいて女性を見てはなりません。
決して誓ってはいけません。「はい」は「はい」、「いいえ」は「いいえ」とだけ言いなさい。
右の頬を打つような者には、左の頬も向けなさい。下着を取ろうとする者には、上着もやりなさい。
自分の敵を愛し、迫害する者のために祈りなさい。
あなたがたは、天の父が完全なように、完全でありなさい。
火で精錬された金
柔和な者は幸いです。
義に飢え渇く者は幸いです。
わたしのために人々があなたがたをののしり、迫害し、ありもしないことで悪口を浴びせるとき、あなたがたは幸いです。
地の塩
罪を赦し、背負う。
罪の代価を支払う。
エペソ → スミルナ → ペルガモ → テアテラ → → サルデス → フィラデルフィア → ラオデキヤ
種蒔きの歩み
(生　産)
育成結実の歩み
(総務・人事)
収穫の歩み
(営　業)
総合管理の歩み
(経　理)

One God

心を尽くし、思いを尽くし、知力を尽くして、あなたの神である主を愛せよ。

さばいてはいけません。さばかれないためです。 人間的判断基準ではなく、神のみこころにかなう判断基準を求める。	聖なるものを犬に与えてはいけません。また豚の前に、真珠を投げてはなりません。 What is our mission? Who is our customer? What does the customer consider value?	求めなさい。捜しなさい。たたきなさい。 道を求め、解決策を捜し、その実践実行をし、良き実を得るため、たたき求める。	何事でも、自分にしてもらいたいことは、ほかの人にもそのようにしなさい。これが律法であり預言者です。 What is our mission? Who is our customer? What does the customer consider value?	狭い門から入りなさい。いのちに至る門は小さく、その道は狭く、それを見いだす者はまれです。 洗足の愛によるサーバント・リーダーシップは、生命に至る小さな門、狭い道。	にせ預言者たちに気をつけなさい。彼らは羊のなりをしてやって来るが、うちは貪欲な狼です。あなたがたは、実によって彼らを見分けることができます。 What is our mission? Who is our customer? What does the customer consider value?	わたしに向かって、『主よ、主よ』と言う者がみな天の御国に入るのではなく、天におられるわたしの父のみこころを行う者が入るのです。 み言葉と使命の種蒔きと結実は、みこころにかなう判断に至る道。
人前で善行をしないように気をつけなさい。み言葉と使命の種蒔きは隠れた所で行いなさい。 隠れた種蒔き。み言葉の種を人の心の中に蒔く。	祈るときには自分の奥まった部屋に入りなさい。そして、戸をしめて、隠れた所におられるあなたの父に祈りなさい。 神に届く祈りは隠れた祈り。主の祈り。	断食するときには、自分の頭に油を塗り、顔を洗いなさい。 隠れた断食。なぜなぜ改善。6つの水瓶に水を入れる。	自分の宝は、天にたくわえなさい。 神の時を待つ忍耐。一日は千年のようであり、千年は一日のようです。	だれも、ふたりの主人に仕えることはできません。神にも仕え、また富にも仕えるということはできません。 この世の誘惑に打ち勝つ。	空の鳥を見なさい。野のゆりがどうして育つのか、よくわきまえなさい。神の恵みに感謝する心を持ちなさい。 収穫と感謝。	神の国とその義とをまず第一に求めなさい。そうすれば、それに加えて、これらのものはすべて与えられます。 主にある一致とみ言葉と使命の実践実行。
わたしが来たのは律法や預言者を廃棄するためではなく、成就するためです。 生命の道の教えは、神の言葉「十戒」と旧約聖書の律法を成就して歩む道である。	兄弟に向かって腹を立てたり、「能なし」とか「ばか者」と言ってはなりません。 神の力と助けを得る時、感情に負けない信仰を得ることができる。	情欲をいだいて女を見る者は、すでに心の中で姦淫を犯したのです。 この世を見ず、神を見上げ、神の力と助けを得る時、可能となる。	決して誓ってはいけません。「はい」は「はい」、「いいえ」は「いいえ」とだけ言いなさい。 言葉の働きを大切にして働き、霊に燃え、主に仕える。	右の頬を打つような者には、左の頬も向けなさい。告訴して下着を取ろうとする者には、上着もやりなさい。 世のものを求める者には、倍するものを与える。	自分の敵を愛し、迫害する者のために祈りなさい。 十字架の死と復活。	あなたがたは、天の父が完全なように、完全でありなさい。 罪と世とサタンの働きを押さえ込むことに関する完全さ。

あなたの隣人をあなた自身のように愛せよ。

種蒔きの歩み（生産）　育成・結実の歩み（総務・人事）　収穫の歩み（営業）　総合管理の歩み（経理経営）

One Love

殺してはならない。	姦淫してはならない。	盗んではならない。	あなたの隣人に対し、偽りの証言をしてはならない。	あなたの隣人の家を欲しがってはならない。
罪の働き	世の働き	サタンの働き	神を恐れる歩み	神を敬う歩み
わたしは、あなたをエジプトの国、奴隷の家から連れ出した、あなたの神、主である。あなたには、わたしのほかに、ほかの神々があってはならない。	あなたは、自分のために、偶像を造ってはならない。それらを拝んではならない。それらに仕えてはならない。	あなたは、あなたの神、主の御名を、みだりに唱えてはならない。	安息日を覚えて、これを聖なる日とせよ。	あなたの父と母を敬え。